大貫伸樹

デザイン製本②

製本探索

印刷学会出版部

目次

装丁・オブジェ制作　大貫伸樹

製本探索

製本史に関する二つの疑問

●幕末から明治初期の洋装本は国内製本か？

　初めて日本に伝わった西洋式製本術は、どんな製本様式だったのだろうか？　『東京製本組合五十年史』（昭和三十年）には、「明治六年に、日就社から刊行された『附音挿図英和字彙』は、柴田昌吉と子安峻の共編に成る背革装の洋式四六四倍本（注、四六倍判　＊以下「注、」とあるのは著者注）で、俗に日就社辞典として知られていたものであるが、その当時はまだボール紙が日本に輸入されていなかったので、表紙の芯は、張子紙（浅草紙を重ねて締めつけたもの）に、押圧をかけて使ったほどで、その革表紙は上海まで人を遣って箔押しをさせたといった大げさなものであった。それだけにこの製本を請負った製本師は、これだけで相当に儲けて、贅沢な生活をしていたという」と、記されている。出版本としては我国最初の洋式製本辞書であるといわれているが、果たして我国で製本された洋装本かどうかについては、わかっていない。

●フィッセルの消失は技術革新か？

明治十年頃までに発行されたと思われる書物を眺めていると、今日の書店に並んでいる本との違いをたくさん見つけることが出来る。なかでも最も大きな違いは、最近は上製本でさえもかがるのに糸を使っていない書物が圧倒的に多いということである。さらには、円本全集などの糸かがり上製本の場合、まだ、見返しのノドの部分に一〜二センチ程の「フィッセル（綴じ緒・ficelle, cord）」の端を扇状に広げて貼られているのを見つけることが出来るが、戦後の本にはその「フィッセル」さえもなくなっていることとが多い。「フィッセル」が消えたのは技術革新の証だと思われるが、果たしてこの技術革新は、制作費用の削減と、量産速度の増加以外に、書物にとって強度などの点で利点を加えてくれたのだろうか？

フィッセルが付いた本からフィッセルのない本へ、そして、かがり糸さえもない本へと移行する時期と技術革新の意味を探りながら、これらの疑問を解いていくことで、家内制手工業から、本格的量産体制の機械製本へと移り変わっていく近代日本製本史を眺めることが出来るのではないだろうか？　という試みを記すのが本稿の狙いである。

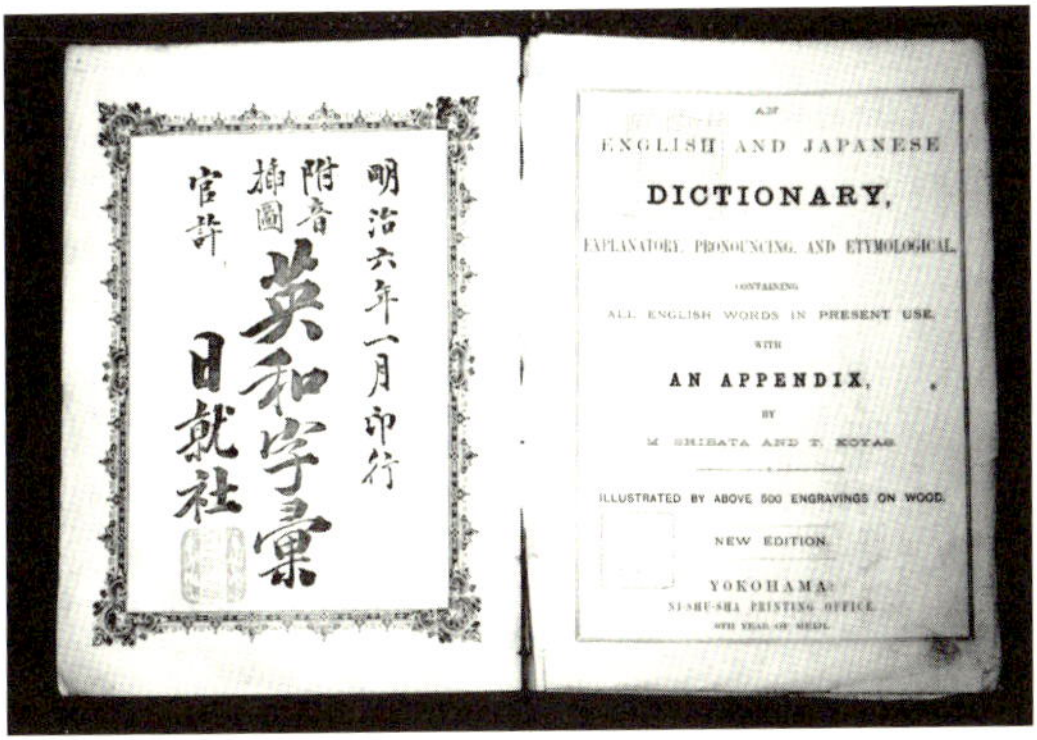

上、青山学院大学所蔵『附音挿図英和字彙』表紙
下、同書の前扉

くるみ製本

●綴じつけ製本からくるみ製本へ

幕末から明治初期にかけて、背革の本格的な洋装本が『附音挿図英和字彙』のほかにも見受けられるが、前述のように今のところは、まだ日本で製本されたものかどうか、はっきりとしないのが実情である。

明治以降の日本で行われている洋装本の製本は、そのほとんどが刷本と表紙を別々の工程で完成させ、刷本を表紙で包《くる》むように組立てる「くるみ製本（casing）」と呼ばれる、いわゆる簡易製本術であるといえる。このほか、冊子本（codex）の製本形態としては、「くるみ製本」の前身といえる「綴じつけ製本」があるが、明治期の日本には伝わってはいなかったのではないかと思われる。折丁をかがる糸をくりつけるやや太めの紐・フィッセル（本書表紙の写真参照）の端を、表紙の芯材に穴を開けて結びつけるのが「綴じつけ製本」である。この「綴じつける」のか、あるいは「綴じつけずに済ます」のかは、手間としてはほんの些細な差のように思えるが、綴じつけずに済ます「くるみ製本」の発明は、生産効率を大幅に高める大発明と言ってもいいほどの優れたアイディアであった。知ってしまえば「な〜んだ」というような、いわゆるコロンブスの卵だが、それまでは製本しないで流通していた書物が、この「くるみ製本」の登場で、製本をしてから市場に流通させるという「版元製本」を誕生させ、製本史、あるいは出版流通史における大革新を引き起こさせることになるのである。つまり、冊子形態の書物を大別すると「綴じつけ製本」と「くるみ製本」とに分けることが出来る。明治初期に日本に上陸した、版元が製本する様式は、ほとんどが綴じつけずに済ます「くるみ製本」であり、その中には、上製本、並製本、フランス装、南京綴などが分類されることになる。

関東大震災の頃までの書籍には確かにあったフィッセルは、かつて手で製本した「綴じつけ本」の名残であると思われるが、これが残っていることで本の強度はかなり強かったはずである。しかし、このフィッセルのある糸かがり上製本でさえも、表紙と刷り本は別工程で制作され、最後に組み立てるため、「くるみ製本」に分類すべきであろう。管見するかぎり日本で商業的に生産された上製本は、ほとんどが「くるみ製本」であり、「綴じつけ本」は目にしたことがない。

●くるみ製本の始まり

「くるみ製本」の歴史は、とりもなおさず「綴じつけ本」から「くるみ製本」へと移行するときから始まるのであるが、異国での古い出来事であり、近代日本製本史からも外れるとはいうものの、この辺に触れないわけにはいかないだろう。

十九世紀初頭のイギリスは、ブラックウッドの『ブラックウッズ・エヂンバラ・マガジーン』が発行部数三万部という、当時としては文芸雑誌の新記録であった驚異的な数字をみてもわかるように、出版活動が飛躍的に発展した時期でもあった。雑誌の勢いにおされ、単行本も、

「この時代の出版傾向として顕著なことは、大衆化への志向である。真の大衆的出版は、ヴィクトリア朝中期を過ぎなければ達成されないのであるが、その徴候はすでに明らかであった。たとえば十六世紀以降の出版物は、定期刊行物を除けば、ほとんど例外なく牛皮や羊皮などで、製本されるのが常識であったが、クロス製の製本が出現しはじめたのが、一八二〇年代であるといわれている。例えばスコットやバイロンのようなベスト・セラーの作品の場合、一時に何万部という皮製の製本は、物理的にほとん

ど不可能になり、クロス製のような手軽な製本が求められるようになった。これによって、これまで一ポンドも二ポンドもした高価な本をその十分の一の二シリング、三シリングの値段で、読者は購入できたのである。」(『イギリス文芸出版史』研究社出版、昭和六十一年)

と、クロス装の版元装丁が低コストでの制作を可能にし、出版の大衆化へ一役買うことになった。安価な本を提供出来るようになったのは確かに革装から布装に代わったことで可能になったのであろうが、量産化はそれだけではなく、綴じつけ製本に代わって「くるみ製本」という新たな製本様式を誕生させたことである。すでに十六世紀には紙装の綴じつけ本が見られるが、革装でなくなったことが、大量生産へとは必ずしも結びついてはいないのがわかる。

エリク・ド・グロリエ『書物の歴史』(白水社、平成二年)によれば、「早くも第十六世紀に、印刷した表紙のある仮綴じの書物をつくることが試みられていた。それらの書物は今日では稀覯本となっている。一七五〇年代から仮綴じ本がふたたびあらわれる。しかし大ていい表紙には何も印刷がなく、小さなレーベルが標題を示している。印刷された・絵入りの表紙はフランスにおいては、浪漫主義とともに一般化する。これに反してイギリスでは、版元製本の厚紙クロス装があらわれる。これは一八二〇年ないし一八二五年に、ピカリングによって初めて使用され、レイトンによって（一八三二年、金箔押の背）、それからシャーウィンとクーパー（平の装飾のための印刷機）とによって、完成させられる。」

とあり、十六世紀に仮綴じの書物制作が試みられ、一七五〇年代からレーベルを貼った仮綴じ本（くるみ製本）が始まったとされている。

寿岳文章『書物の世界』（出版ニュース社、昭和四十八年）には、

「十八世紀後半までの書物頒布形式は、印刷された紙葉の全部、または一部が、仲買人か読者の手にわたる。従って製本は、仲買人なり読者なり

が勝手におこなうのであって、すべて革装ときまっていた。やがて出版者は、簡単な包み紙（wrapper）にくるんで売り出す。一七六一年に、ロンドンの一出版者が四半装幀（注、背革装）を試み、簡単なボール紙装への道をひらいた。十八世紀の末から、十九世紀のはじめにかけて、背中へ箔押しの皮の題簽を貼りつける方法が現われた。メアリ・ウルストンクラーフト（Mary Wollstonecraft）の遺稿集四冊と、その夫ゴドウィン（William Godwin）の『メアリ・ウルストンクラーフト追想』とは同じ一七九八年に、同じ判型で出版されたにもかかわらず、前者には題簽がはりつけられており、後者にははりつけられていない。一八〇五年ごろには、題簽のはられていない本は殆ど姿を消した。やがてこの題簽は、皮から紙にかわる。一八一〇年から二〇年にかけて、ロンドン、ダブリン、エディンバラ、に出版者が続出し、従来の版元装幀に革命をもたらす要求が感じられていたところ、はたして、一八二〇年に、包装（注、くるみ）製本が発明された。

しかし発明者の名はわかっていない。一八二五年に、表紙の材料として布が現れ、一八三二年に、製本師アーチボルド・レイトン（Archibald Leighton）が、布表紙の上へ、じかに箔を押す方法を案出した。……こうして、紙装・はりつけ題簽の時代につづく布装・はりつけ題簽の短い時代はおわった。」とある。

グロリエと寿岳の示す史実は必ずしも一致していない。寿岳のいう「一八二〇年に、包装製本が発明された」は、くるみ製本はそれ以前に発明されているため、厳密には「布装くるみ製本」とすべきであろう。紙装ではあるが「くるみ製本」はグロリエのいうように「一七五〇年代から仮綴じ本がふたたびあらわれ」たものと思われる。

また「一七六一年に、ロンドンの一出版者が四半装幀（注、背革装）を試み、簡単なボール紙装への道をひらいた」とあるが、私の手元にある『ANCIENT FUNERALL MONUMENTS』（LONDON Printed by

「Thomas Harper, 1631」は、綴じつけ本であるが紙装背革の書物が、百三十年も前の一六三一年に発行されている。

架蔵書のなかで、一番古い「くるみ製本」で紙装貼り題簽の書物は、『Deutichen Styl』（BERLIN, 1785）で、皮革レーベル、題字金箔である。「十八世紀の末から、十九世紀のはじめにかけて、背中へ箔押しの革の題簽を貼りつける方法が現われた」と言う寿岳の文を裏付ける書物である。また、同様の紙装貼り題簽だが、芯ボール紙がなく今日の並製本のような薄い表紙の書物に、『VERHANDELING OVER DE LEGERZIEKTEN TWEEDE DEEL』（AMSTERDAM, PETRUS CONRADI, 1786）もある。

●糸かがり上製本の日本上陸

日本に洋装本の製本術が上陸したのはいつごろだったのか。明治六年に印刷局に雇われた外人技師パターソンによって伝えられたとするのが定説

紙装背革の綴じつけ製本『ANCIENT FUNERALL MONUMENTS』

くるみ製本、紙装皮革レーベルの『Deutichen Styl』

となっているが、実際にはもう少し早くから行われていたのではないかと思われる。『東京製本組合五十年史』（東京製本紙工業協同組合、昭和三十年）には「我国へのこの洋式製本術が渡来したのは、徳川幕府直轄の洋学研究所であった蕃書調所（安政二年に九段下に洋学所と称して設立され、翌年蕃書調所と改称した。文久二年には洋書調所と改め、明治維新によって政府に継承され、名称も開成学校と改め、後に大学南校と称した。今の東京大学の前身である）に居たオランダ人からとも、また印書局（印刷局の前身）の外人技師であった英人パターソンに教えを乞うたともいわれている」とあり、幕末頃すでに外国人から技術を習い、洋式製本が行われていたようである。ただし文久二年に、堀達之助、西周、箕作麟祥らの洋書調所教授編纂『英和対訳袖珍辞典』が出ているが、これは横綴の半紙本で、英文字はオランダから輸入した鉛活字を使ったが、訳語の漢字と仮名は木版である。

また、「明治六年に、日就社から刊行された『附音挿図英和辞彙』は、柴田昌吉と子安峻の共編になる背革装の洋式四六四倍本（注、四六倍判）で、俗に日就社辞典として知られていたものであるが、その当時はまだボール紙が日本に輸入されていなかったので、表紙の芯には、張子紙（浅草紙を重ねて締めつけたもの）に、押圧をかけて使ったほどで、その革表紙は上海まで人を遣って箔押しをさせたといった大げさなものであった。……これが日本で製本した最初の洋式辞書である」（前掲）としている。

青山学院大学所蔵の『附音挿図英和辞彙』を見た限りでは、くるみ製本の糸かがり上製本ではないかと思われる。綴じつけ本の場合は、蝶番の役割をするフィッセルが芯ボール紙の外側を通って綴じつけられるために表紙と耳の境に溝はない。しかし、くるみ製本の場合のフィッセルの端は、芯ボール紙の内側に糊付けされるため、開いたときに、耳がテコの原理の支点とならない。そのため、耳と芯ボール紙の端との間に、表紙の厚さ分

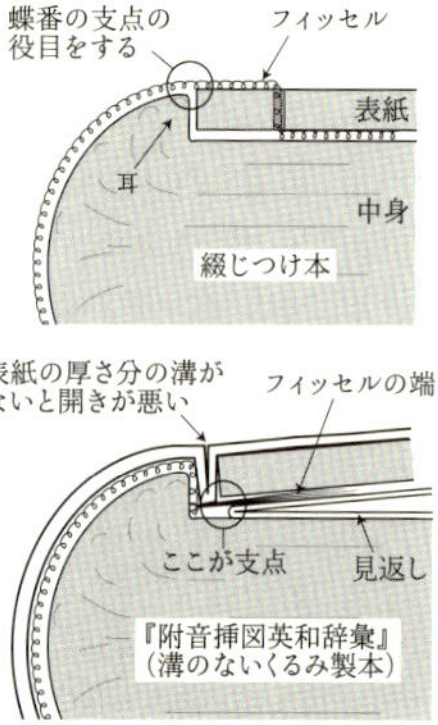

綴じつけ本とくるみ製本

だけ溝を作る必要がある。『附音挿図英和辞彙』にはこの溝がないので、一見、綴じつけ本のように見えるが、表紙を開けてみると、ノド寄りのところに長さ二センチほどのフィッセルの端が扇状に広げて貼りつけてあるのが、見返し用紙を透して見つけることが出来るため、くるみ製本と判断した。架蔵書、総革装の翻訳局訳述『仏蘭西法律書』（印書局印行、明治八年）や『彼日氏教授論』（文部省印行、明治九年）、中村正直訳『改正西国立志編』（七書屋蔵板、明治十年）なども同じように、溝はないが糸かがり上製くるみ製本である。

明治六年に印書局に雇われ、製本術やマーブル術、罫引き術を指導し、多くの製本技術者を養成したといわれるパターソンが教えた製本とは、どんなものであったのだろうか。近藤金廣『紙幣寮夜話』（原書房、昭和五十二年）に「そのころ彼の手に成ったと思われる『泰西政学』や、後年その技術によって製作された千数百頁にのぼる『英和国民大辞書』などの豪華本が、今なお昔日の面影を留め、その技術の素晴らしさを物語っている」と記されているが、これらの本は未見である。

箕作麟祥『仏蘭西法律書』上巻
（文部省、明治８年）

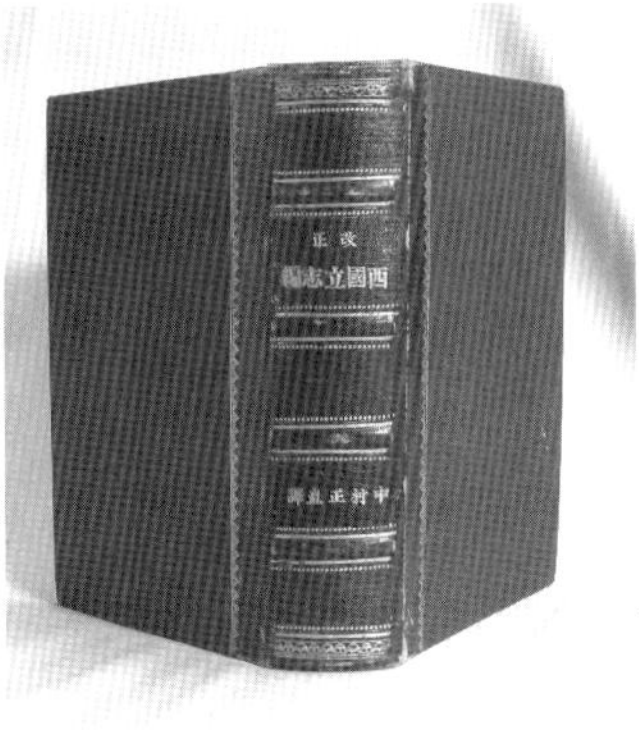

『改正西国立志編』

『大蔵省印刷局百年史』第一巻（大蔵省印刷局、昭和四十六年）にも明治七〜八年頃の印刷局発行の政府刊行物の一部が記載されている。「その存続の期間が工場完備を宣言して、わずか一年という短い期間であるために、発行点数もそう多いとは思われない。……とにかく、まとまった記録がないので、刊行の全ぼうを明らかにすることができない」としながら、『会議便法』『議員必携』『英国律法要訳』『国債要覧』『西洋開化史』『泰西政学』『仏蘭西法律書』『法例彙纂』の八点を記録している。そのうちの一冊と思われる、箕作麟祥『仏蘭西法律書』上巻、下巻（文部省、明治八年）が今、手元にある。

ところで、印書局以外の市井の製本所では、洋式製本の技術を一体どこで誰から学んだのだろうか。そんな疑問に答えてくれる本がある。

「洋式製本で工場の経営をやって行こうという専門の製本所が現われ出したのが、明治六年ごろで、その実質的な創始者と目されるのが、医者から転向して、あとで東京製本同業組合の設立者となり、その初代組長になった岡上儀正であった。その後、新橋竹川町（今の銀座西七丁目）に山根善一、数寄屋橋河岸しの山竹（山口竹次郎）、築地の新井源吉、大根河岸の武部滝三郎、芝の両角、長谷部、神田鎌倉河岸の浅倉、萩原、大津、大谷といった十二、三軒が出来たという。……竹川町の山根の先代は、横浜にまだ異人館など出来なかったころ、九州の長崎でオランダ人から、洋式製本を習ったというし、山口竹次郎、新井源吉は横浜の外人居留地の異人館で外人から教わったともいわれている。」（前掲『東京製本組合五十年史』）

だれに習ったのかは明確ではないが、日本に在住していた外国人から習い、明治初期には十数軒の洋式製本をやる製本所があったことがわかる。

現在の製本様式調査

●新刊書店にあふれるあじろ綴

ベストセラーや文学賞受賞作など、たくさん生産され比較的手に入りやすいポピュラーな本を手にして、その本の製本様式を調査、分析してみた。内容にこだわらずに、いろいろな製本様式を採集しようと思ったが、意外にも何れの本も同じような製本なのに驚かされる。

大江健三郎『二百年の子供』（中央公論社、平成十六年）四六判二八〇頁あじろ綴上製丸背
赤井三尋『翳りゆく夏』（講談社、平成十五年）四六判三四〇頁あじろ綴上製丸背
不知火京介『マッチメイク』（講談社、平成十五年）四六判三八八頁あじろ綴上製丸背
内田康夫『十三の冥府』（実業之日本社、平成十六年）四六判四四八頁あじろ綴上製丸背

綿矢りさ『蹴りたい背中』（河出書房新社、平成十六年）四六判一四四頁あじろ綴上製丸背
片山恭一『世界の中心で、愛をさけぶ』（小学館、平成十六年）四六判二〇八頁あじろ綴上製丸背

ここに列記していない書物も含めて、手にとって確認した文芸書はほとんど「あじろ綴」ばかりであった。そこで、書物に関する本なら少しは製本にも気配りをしているだろうと探してみた。

鈴木一誌『ページと力』（青土社、平成十四年）四六判三九二頁あじろ綴上製丸背
大屋幸世『蒐書日誌四』（皓星社、平成十五年）四六判三八〇頁あじろ綴上製丸背
臼田捷『現代装幀』（美術新社、平成十五年）四六判二六二頁あじろ綴上製丸背
ジェラール・ジュネット『スイユ』（水声社、平成十三年）A5判五五二頁あじろ綴上製丸背
西野嘉章『装釘考』（玄風舎、平成十二年）四六判二九六頁あじろ綴上製角背
谷沢永一『日本近代書誌学細見』（和泉書院、平成十五年）四六判三四六頁糸かがり上製丸背
清水徹『書物について』（岩波書店、平成十三年）四六判三八四頁あじろ綴上製角背
日本出版学会『白書出版産業』（文化通信社、平成十六年）A5判一八二頁あじろ綴並製角背

書物に関する内容の本でさえも、『日本近代書誌学細見』以外は「あじろ綴」で製本されている。束が四センチもある『スイユ』でさえあじろ綴である。あじろ綴が悪者のように聞こえるかも知れないが、逆に、それだけあじろ綴に対する信頼が高くなっている、という証なのだろうか。

ちなみに拙書『装丁探索』(平凡社、平成十五年)は、担当編集者の「書物の本ですので、糸かがりにしましょう」という粋な計らいで、今では少数派となってしまった糸かがり上製本で製本されている。「書物の本ですので……」という言葉に、編集者の製作費は多少高価にはなるが「糸かがり上製本」を選択した、といった得意顔のようなものが感じられないでもない。本を読んでいるときは、どんな方法で製本されているかなどほとんど気にしたこともないが、「糸かがり上製本」の選択は、見えないところへのささやかなプロのこだわりであって、再製本を考えなければ、「あじろ綴」がそんなに悪いのではない。新しいものが市民権を得るには、時間がかかり難しいのは世の常、ということである。

かつては壊れやすいということで評判が悪く、一時期鳴りを潜めていた切断無線綴だが、光文社文庫『江戸川乱歩全集』（光文社、平成十六年、製本・ナショナル製本）文庫判五百九十二頁並製角背は、最近ホットメルト（接着剤）が良くなったせいで復活してきた無線綴の頼もしい一冊である。電話帳も切断無線綴だが、以前とは違ってかなり丈夫で、銅版画をやるときに古電話帳を壊して使っているが、最近の電話帳をバラすのはかなり大変な作業である。ノドの部分に針金や糸などがなく、開きがいい。また、ＰＵＲという糊を使う無線綴は、接着剤がさらに改良され、高温や極寒の地でも耐えられるすぐれもので、地図などには持って来いの製本という。新たな活躍が期待される。

『江戸川乱歩全集』

●あじろ綴「広開本」と針金綴

外見からは気が付かないが、新しい製本術を取り入れた書物を見つけた。プレイステイション「FINAL FANTASY X」というゲームソフトの解説本である。『アルティマニアオメガ』（デジキューブ、平成十五年）A5判六百三十八頁あじろ綴並製角背は、あじろ綴でなおかつ本の開きをよくするもので、東京書籍印刷（株）が考案し「広開本」として商品化した製本方法である。「広開本」については拙著『装丁探索』で詳しく取り上げたが、ここでも簡単に触れておく。折丁を束ねた刷本の束（背幅）と表紙の背幅を変え、中身の背と表紙を直接接着しないことで本の開きが良くなる。制作工程上は、普通の並製本にちょっと工夫を加えただけであるが、くるみ製本が考案されてから二百年以上も誰も気が付かなかった、最近の製本界の大ヒットとも言うべき技術革新である。ゲームやコンピュータの取扱説明書のように、キーボードやマウスに手をとられてしまい、本

本の開きが良い『アルティマニアオメガ』と背の拡大写真

●広開本とは…

製本工程時、本文の背と表紙の背に接着されない隙間を作る加工をして、開閉が容易で確かな広開度を備えた本を作ることができます。特に厚表紙の本に効果を発揮します。

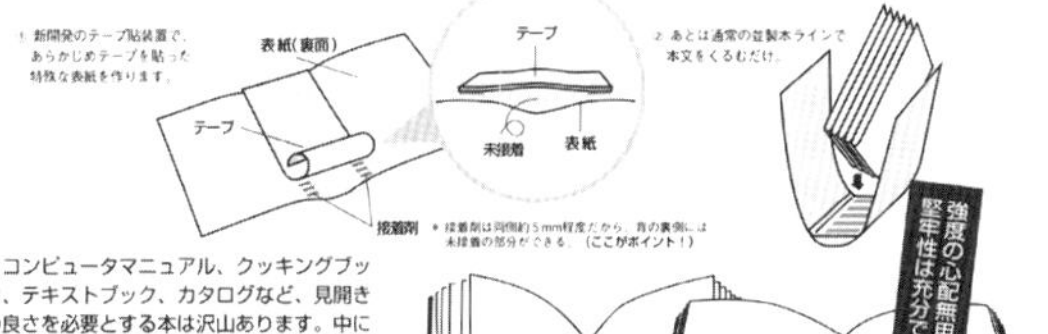

コンピュータマニュアル、クッキングブック、テキストブック、カタログなど、見開きの良さを必要とする本は沢山あります。中には、リング綴じや上製本仕様というようなコストの高い製本方法を用いているものもあります。

広開本は、見開きの良さ（広開度）の追求はもちろん、製本過程での『より早く、より低コストに、より奇麗に』をも追求した東京書籍印刷（株）が考案した新しい製本技術による本です。

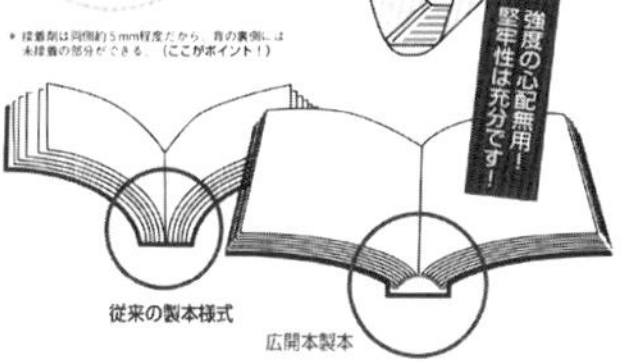

東京書籍印刷（株）発行の「広開本」パンフレットより

を押さえられない場合は、広開本のように手をあてがわなくとも開きが良い本は便利である。

かつての雑誌は、ほとんどが針金中綴か針金平綴だったように、針金綴が日本の雑誌製本史の一翼を担った時期があった。月刊誌『Memo男の部屋』（ワールドフォトプレス）Ａ４判針金中綴は、最近では雑誌の中でも少数派になってしまった針金綴だ。簡単な作りだが結構丈夫で、針金がステンレスのような輝きを放ち、昔のように錆びなくなって、耐久性も増していると思う。消えてしまうには惜しすぎる、まだまだ活躍して欲しい製本方式である。

無線綴製本

●三種類の無線綴

私たちは紙のエッジが直線であることや、コーナーが三角定規のようにきちっと直角であることに対して、それが当たり前のように受け入れている。が、これは明治になって洋紙や断裁機が輸入されるようになってからの、ここ百年足らずの出来事なのである。和紙の場合は、紙の縁を耳といい、一枚ごとに縁が微妙に不揃いであることを「風情がある」などと言って楽しんでいる節があり、なりゆきに任せて生れた形を、特性として活かしているのである。この和紙の文化の中からは、「切断無線綴」という折丁の背をシャープに断ち落として製本する、力に任せた強引な製本術の発想は生まれるはずがなかった。

それに比べ「切り込み式無線綴」と「あじろ綴」は、紙への思いやりを大切にしながら、最小限の加工を加えるだけで、糸や針金を使わずに製本出来るようにした、日本独自の思考のしなやかさを感じさせる製本なのである。

つまり、無線綴という言葉でひと括りにされてしまう「切り込み式無線綴」と「あじろ綴」、「切断無線綴」の三種類の製本には、全く思考の異なる遺伝子を持った二系統の文化の違いをはっきりと見て取ることが出来るのである。

●切り込み式無線綴

無線綴製本には、「切り込み式無線綴」「あじろ綴」「切断無線綴」の三種類がある。

「昭和十年頃、廣橋湛然という製本業者が糸も針金も使わぬ綴じ方を考案した。これは折り丁の背に三角形の切り込みをつけ、これを膠で固めて一冊にする方法で、彼はこれを無線綴と名付けた。この方法は大して行われずに終ったが、その名称だけは今に残って、接着剤による製本法の総称となっている」（『印刷製本機械百年史』）という製本術があったらしい。この製本は、切り込み式無線綴と呼ばれるもので、私はまだ現物を確認出来ていないが、特許証などを見る限りでは、あじろ綴によく似ているので、元祖あじろ綴なのではないかと推測している。「無線綴」の命名については、廣橋湛然の特許証等には見ることが出来ない。また、「あじろ綴」の命名については、昭和四十六年頃、北九州にあった天地堂が命名しパテントを申請したと聞いたことがあるが、未確認である。

切り込み式無線綴については上田徳三郎『書窓　製本之輯』（アオイ書房、昭和十六年。復刻版、大日本印刷ＩＣＣ本部、平成十二年）にも記載があり「刷本を折る時、最後の一折を残しておいて、中央に……切り込みを入れた上で折上げ、背に膠を引くと、切り口の飛び出したところがくっつき合って綴の役目をする。此の方法の欠点は、綴じ直しの利かぬ点であるが、普通は、そこ迄考える必要もあるまい。X（注、X綴）も無線も我が国の考案であるが、いまだ大して実用されるに至っていない。」とあり、日本で発明された製本のようである。

もう一冊、「切り込み式無線綴」に関する文献から引用してみよう。

「一九三五年（昭和一〇）日本――東京小石川東古川町の廣橋湛然氏が、ブレーマーの紙折り機にヒントを得て、絲や針金を用ゐずに綴ぢる所謂『無線綴機械』を発明した。刷り上がった刷本を普通の場合より一回少なく折り、それを本機に挿込み、下に装置された踏子を踏むと、背にジグザグ形の切込みが出て二つに折れる。それを丁合わせし、糊又は膠で背固めするとジグザグの切込みによって出來た山形が互いに粘着して、本の背に密着するため折帖は決してバラバラに離れるやうなことはないのである。娯楽雑誌や安物の通俗書、電話帳、職員録の如く年年更改する書物に適するだろう。」（庄司浅水編『世界印刷文化史年表』ブックドム社、昭和十一年）と、「切り込み式無線綴」の発明に関する詳細な記録がなされていた。これを読むと、後に考案されるあじろ綴製本とよく似ているのがわかる。

廣橋湛然は、糸かがり機械や針金綴機械と無線綴機械との利用効果について次のようにいっている。庄司浅水『製本の手解きより奥義まで』からの引用なので、廣橋がこの文章をいつ、どこに書いたのかは、わからない。

「一、絲縢り及び針金綴は丁合ひの後に綴縢りするので、例えば數十臺の大頁物も、そのうち一臺の不足があっても仕事にかゝれず、製本工程上多大の空費を生ずることが多い。然るに無線綴によるときは刷本のでき上がり次第、仕上準備に着手出來るから、従って工程能率も三四割位短縮され、自然製本費の廉價となり、出版經濟上大變利益となる。

二、前者による場合は絲切れ等のため落丁のおそれがあるが、本機によるときは、その恐れなく且つ堅牢無比である。
三、絲縢り機は高價で、且つ操作も熟練を要し、大衆的ではないが、本機は極めて廉價で操作簡易、能率も絲縢り機の一時間三千折に對し、これはその倍の六千折は樂に出來る。
四、針金綴機械は往々故障のため、全工程を一時中止するの不得止ざる場合も発生するが、本機は丁合前に加工するからその憂ひはない。
五、前者は針金の腐蝕等のため、製本が破損することがあるが、本機は絲も針金も使用しないから、その虞れは全くない。
六、「主婦の友」・「キング」等の大頁の針金綴は、讀む場合に頁の開きが悪く、中央にゆくにしたがつて一層悪く、最後の一行など殆ど讀めないことなどあり、又往々、針金が本文中に喰込む等の缺點も生ずるが、本機によるときは、開きよく、随って讀み易く、本の咽喉に餘猶があるので、現在より組版を二行位擴大することが出來、紙の使用を減じ徑濟上莫大の利益がある。
七、辭書類の如き薄い紙質の、しかも大頁の本は絲縢りのため、背部が高くなつて、製本工程上、種々困難をともなふが、本機によるときは紙質の厚薄如何を論ぜず、堅牢且つ容易に製本出來る。」（庄司浅水『製本の手解きより奥義まで』印刷雑誌社、昭和十一年）

このように廣橋は、生産コストが安価で開きの良い本の、市場での勝利を確信し、糸かがり綴と針金綴に挑戦状をたたきつけた。この文章には考案者としての製品に対する自信の程があふれている。しかし、廣橋の思いとは裏腹に、第二次世界大戦の勃発などの不運に見舞われ、糸かがり綴と針金綴の牙城を崩すには至らず、新しい製本術の遺伝子をもつ火種を焼け跡に残すにとどまった。実用化には、柔軟性や速乾性のある、より強固な接着剤の誕生を待たなければならなかった。

●廣橋湛然が申請した実用新案登録証と特許証の発見

東京造形大学で「装丁と製本」についての講演を行った折のこと、講演終了後、演台の周りに集まってきた学生達に「今、私は廣橋湛然という人をずっと追っている……」という話をしたら、講演会を企画した長尾信教授が「それ、私のおじいさんですよ」と、隣で照れ臭そうに言った。新資料との出合いにつながりそうな思い掛けないなりゆきに「本当ですか？」と思わず大声で叫んでしまった。この原稿を執筆中の出来事だった。昭和初期に刊行された『印刷雑誌』のバックナンバーに関連記事が掲載されているらしいという所までは突き止めたが、肝心の雑誌が見つからず、資料が少なく半分あきらめかけていた調査に、突然光が差した思いがした。

数ヶ月後に長尾教授から宅配便で、一冊の書物と三冊の実用新案登録証「洋綴本」「帳」「洋綴帖」と、三冊の特許証「製本用糊付面形成機」「装幀」「製本装置」の実物が送られてきた。見本として送られてきた書物は「特許を申請する時に作った書籍」と伝え聞いていると言うことであったが、くるみ製本の糸かがり上製本であった。

昭和九年「実用新案出願公告第一四一一〇号」は「洋綴本」と命名されたもので、昭和八年八月に出願し、同九年十月に公告、同十年二月に登録されたものである。「実用新案ノ性質、作用及効果ノ要領」には、

「本案ハ洋綴本を綴製スル場合紐又ハ金属線等ヲ使用セスシテ綴製スルモノニシテ製本用ニ折畳セル四頁、八頁、十六頁、三十二頁紙葉（1）ヲ第一図ノ如ク綴込部ニ於テ数個ニ山形切込線（2）ヲ附シ此ノ中央ヨリ二折シ第二図ノ如ク表裏齟齬セル山形（3）（4）ヲ生セシメ此ノ断面ヲ外側ヨリ内面ニ後退セシメコレヲ第三図ノ如ク多数纏メ合セ切込部（5）ニ膠糊

「製本用糊付面形成機」特許証表紙

ヲ塗布シテ綴製スル物ナリ　本案品ハ製本用ニ折畳セル紙葉ヲ糸紐又ハ金属線等ヲ使用セスシテ洋綴スルモノニシテ工程簡易ニシテ且ツ堅牢ナル特徴ヲ有ス」

とあり、この実用新案は、当時すでにアメリカで行われていると言われていた「切断式無線綴」とは多少異なり、言葉は違うが、むしろ「あじろ綴」の元祖と言うべき製本様式であることを読み取ることが出来る。

昭和十年に取得した特許「第一一一一八六号特許證」は、前記の製本を実現するための機械の特許を取得した時のもので「製本用糊付面形成機」と題された四頁の説明書が付されている。その「発明ノ性質及目的ノ要領」には、

「本発明ハ昇降スル鋸歯状刃片ト前後ニ進退スル鋸歯状刃片トヲ互ニ連動セシメテ紙ノ折目ノ数個所に互違ノ位置ニ於テ相対向セル鋸歯状貼着片ヲ形成スルコトヲ特徴トスル製本用糊付面形成機ニ係リ其ノ目的トスル所

第一圖

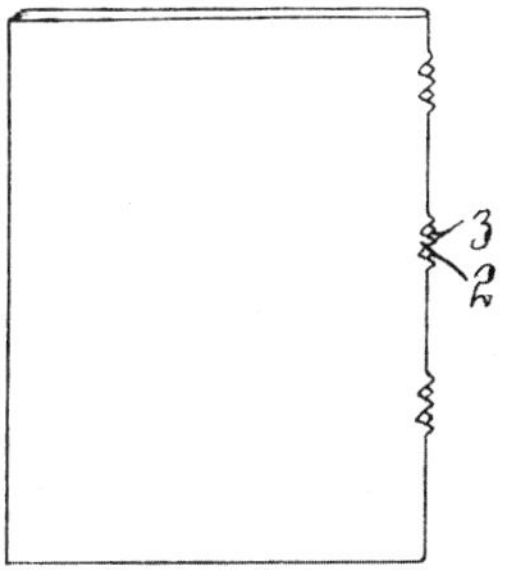

第二圖

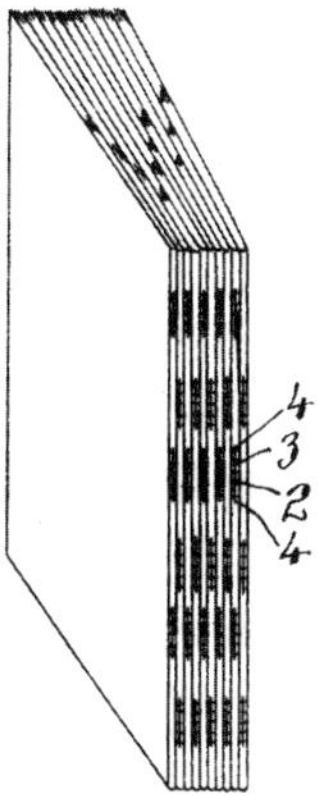

第三圖

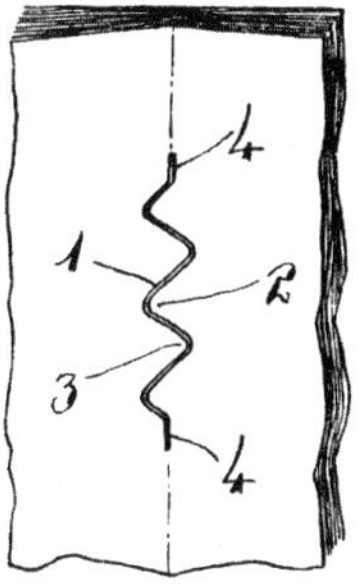

第四圖

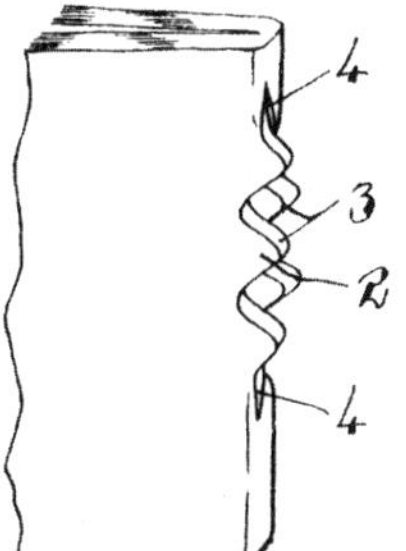

「洋綴帖」實用新案登録証より
第三圖は貼着片形成部、第四圖は折ったときの貼着部

第十一圖　無線綴機械

廣橋湛然考案の無線綴機械

ハ鋸歯状貼着片ヲ機械的ニ形成シテ其ノ能率ヲ増進セムトスルニアリ」

とあり、効率的に糊をさす切り込みを作るための機械の特許が承認されたものである。

長尾教授によると、「試作の機械は完成したが戦災にあってしまい、この機械での製本は実現していないのではないか」とのことであるが、この機械の写真が『製本の手解きより奥義まで』（前掲）に掲載されているので転載する。

第一圖

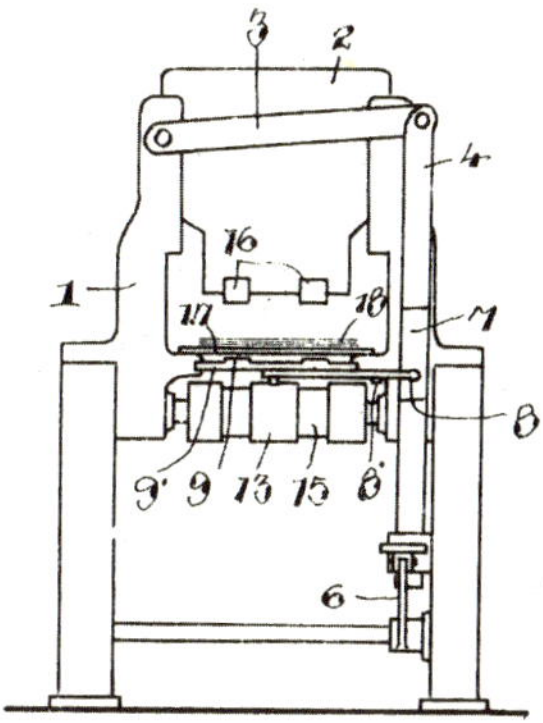

第二圖

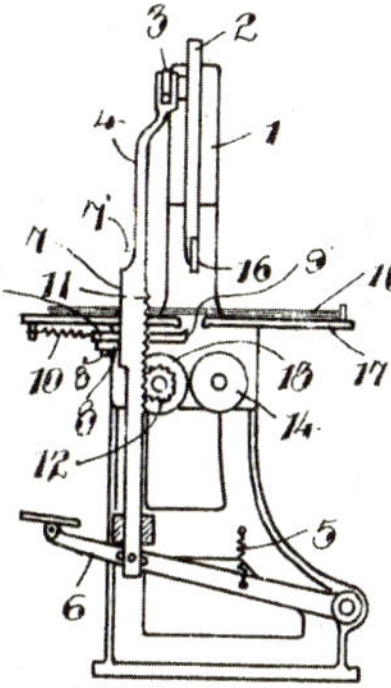

第四圖

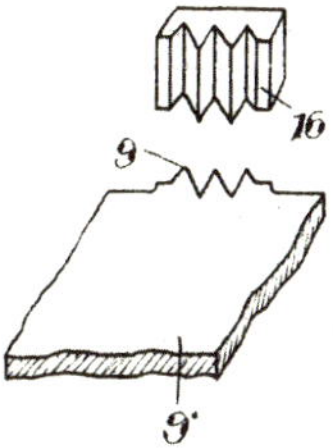

第三圖

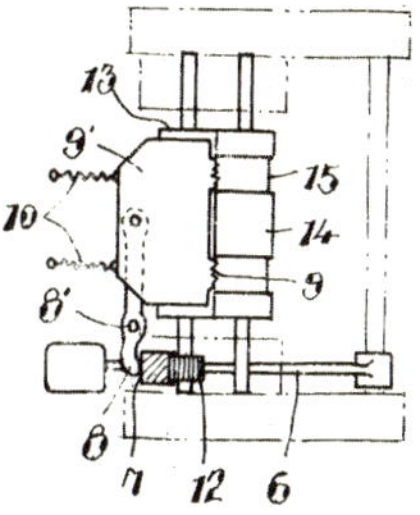

昭和10年8月に承認された特許証から
「製本用糊付面形成機」の図面

切断無線綴

●外れやすい切断無線綴

一般に無線綴製本という場合は、折丁の背の部分を断裁して、枚葉紙の状態で接着剤を背に塗布し、表紙に接合する製本を指す。牧経雄『製本ダイジェスト』（印刷学会出版部、昭和五十三年）では、この無線綴を「切断式」として、前述の「切込式あじろ無線綴製本」とは分けて分類している。糸かがりに比べ、綴じる工程が省かれた分だけ製本は容易になる。構造としてはじつに簡単で、天ノリといわれるメモ帳や便せん等の一枚ずつバラバラに外すことを目的としている製本と同じ構造なのである。原田正春の版下用の書体集『新かんてい流』（マール社、昭和五十年）はそんな

『新かんてい流』（上）と
『世界の昆虫 DATA BOOK』（左）

特徴をうまく利用している。トレースや複写をするときは「そのページをいっぱいに開いて、端のほうからひっぱると背から取りはずせます」と、「はじめに」に断り書きがあり、外れることを良しとして無線綴を選択している例である。

　最近では『世界の昆虫』（デアゴスティーニ・ジャパン、平成十七年）が、一度バラしてから改めてバインダーに綴じることが出来るように、あらかじめバインダー用の穴をあけ、はずしやすい糊を使用している。

　無線綴製本（切断無線綴）というと、すぐに思いつくのは、電話帳と『別冊太陽』である。『別冊太陽　本の美』（平凡社、昭和六十一年）は、無線綴製本が普及し、大分接着剤がよくなってからの製本だと思われるが、何度も開閉するため二冊購入した本が、二冊ともにバラバラになっている。本文紙に厚手の紙を使用する場合は、糸かがりにすると折り山と糸の太さとで、小口側と背の厚みの差が大きくなってしまうので、無線綴を選択せざるを得ないのであろう。不名誉な冠をかぶせて申し訳ないが、壊れやすい本というとまず『太陽』を思い浮かべる。電話帳の場合は本文紙が柔らかいため、糊の接着も良く、開くことで製本が崩れたりはしない。しかし、一枚ずつ丁寧に取り外すことは容易だ。

●電話帳と切断無線綴

電話帳の製本様式については、『東京書籍印刷株式会社三十年史』に、「初めは、教科書と同じ活版刷りで針金綴であって、無線綴方式は、昭和二八年から行われていたが、接着面を広くするために、はじめは折りの背に人手で切り込みを入れるという手間のかかる方式であった。『主婦の友』の新年号付録の家計簿が人気を呼んで製本部数も多くなったので、和田製本（株）の社長が海外視察で知ったドイツ・ミューラー社の新設計の製本機を輸入して、無線綴の自動化をはかった。この機械は閑散期対策として電話帳にも使われていた。さらに外国の製本機が改良されると、凸版印刷（株）が昭和三八年に凸版製本（株）、大日本印刷（株）が昭和三六年に大日本製本という製本専門会社を設立してから、無線綴は急速に一般化した。輸入製本機械台数は昭和三四年二台、三五年一三台、三六年には六八台と急速に多くなっている。芳野出版機械（株）も追従して国産の無線綴機製造を開始した。」とある。一方、『印刷製本機械百年史』では「昭和三四年、電話帳の製本に無線綴を採用することとなり、スイスのマルチニ社から機械が輸入された。」とあり、前掲の「昭和三四年二台」のうちの一台がこの機械だったのかも知れない。

●教科書と切断無線綴

同書には、電話帳よりももう少し前に無線綴が行われていたという事例が、「昭和一二〜一三年ごろ凸版印刷がこの装置を輸入したことがあるが、あまり利用されなかったようである。……昭和二九年に図書印刷が静岡県原町に新工場を建設した時シェリダン社の無線綴機を輸入、教科書の製本に利用した。最初は、接着剤が日本の気候、温度にマッチしないため、教科書が間もなくバラバラになってしまい問題を起こしたこともあった」と記載されており、まだまだ本格的な実用には至っていなかったが、切断無線綴が行われていたのは確かなようである。

図書印刷の無線綴については『東京書籍印刷株式会社三十年史』にも「昭和三〇年二月、図書印刷（株）では教科書専用工場として、沼津の原町に工場を建設し、コットレル社製凸版多色刷輪転機に加え、シェリダン社製無線綴機を設置し、丁合から表紙くるみまでのラインの稼働を開始した。学校図書の三〇年度の教科書に表紙くるみ製本ならびに無線綴を初めて採用し、図書印刷で製本して話題を呼んだが、供給された本の接着部分がはがれるバラバラ事件が発生し、九月の衆議院文教委員会で問題にされ、その結果、教科書の無線綴は中断し、三二年度本は針金綴にした。これに前後して、電話帳や「主婦の友」新年号附録家計簿が無線綴を採用している。」とあり、やはり初期の切断無線綴には困難がつきまとっていた様子が詳しく記されていた。

●切断無線綴の普及

切断無線綴製本が本格的に普及するのは、「昭和三五年、芳野出版機械では通産省から重要技術研究開発による補助金三〇〇万円を受けて、全自動無線綴機の試作に着手した。これは三九年完成したが、これによって作業能率は飛躍的に上昇し、厚薄を問わず、製本作業は著しく容易になった。こうして教科書や雑誌あるいは電話帳など大量出版物については、昭和四二年から四五年ごろまでに製本のライン化が芳野出版機械によって完成した。」

とあり、このころ一時間に七千冊の製本が可能になったという国産製本ラインの完成が拍車をかけたようだ。

実物資料を入手するために、古書市や近所の古本店に足を運んでみた。架蔵書等を加えると、三ヶ月で昭和三十〜四十年代に発行された雑誌など六十数点が集った。架蔵書『太陽』創刊号（平凡社、昭和三十八年）は、無線綴の初期の製本であったようで、第一次資料である書物が手元にあったとは幸先がいい。もう一冊手元にあった『原色版美術ライブラリー　印象派』（みすず書房、昭和三十年六月、第一刷）は、前記の電話帳よりも古い無線綴製本の書物であり、今のところ「暫定最古」ともいうべき切断無線綴製本の嬉しい実物資料である。このシリーズの製本所は大完堂と鈴木製本の二社が請け負っている。バラバラになり半分しか残っていない巻もあるなど、決して評判が良かったとは思われない。その二年後に発行された『原色版美術ライブラリー　写楽』（みすず書房、昭和三十二年）では、無線綴ではなく、ミシン平綴に変更になっているのは、無線綴がまだ何か不安要素をかかえていたのではないかとの思いを抱かせる。

『印象派』

『現代美術4シャガール』（みすず書房、昭和三十五年）は鈴木製本所で製本されたものだが、前述の鈴木製本と同じ製本所ではないかと思われる。貴重資料と呼べそうな、切断無線綴の布装上製本である。この本のようにアート紙、本文用紙、ミューズコットンなど斤量の異なる紙を数種類使用する場合や貼り込みがたくさんある場合は、糸かがりより無線綴の方が作業効率が良いため、切断無線綴が採用されたのであろう。

左記の表組では、無線綴を採用した年がわかるように、変更前のものと無線綴のものを併記してみた。

◆切断無線綴製本実物資料（無は無線綴、糸は糸かがり、針は針金綴の略）

無『原色版美術ライブラリー　印象派』（みすず書房、昭和三十年）一二〇〇円
無『原色版美術ライブラリー　写楽』（みすず書房、昭和三十二年）一二〇〇円
無『現代美術４シャガール』（みすず書房、昭和三十五年）Ｂ５判、一二〇〇円
無『太陽』創刊号（平凡社、昭和三十八年六月）Ａ４判変形、一九〇円
針『カメラ毎日』二月号（毎日新聞社、昭和三十五年）Ｂ５判、一二〇〇円
無『カメラ毎日』七月号（毎日新聞社、昭和三十九年）Ｂ５判、一二三〇円
無『日本美再見』（朝日新聞社、昭和三十九年）Ｂ５判
無『ギュスターヴ・モロー』（国立西洋美術館、昭和三十九年）一二〇〇×二一五ミリ
無『文芸』四巻第一号（河出書房、昭和四十年）Ｂ６判、一五〇円

無『若きウェルテルの悩み』（旺文社文庫、昭和四十年）文庫判、一五〇円
糸『藝術新潮』一四一号（新潮社、昭和三十六年）B5判
無『藝術新潮』一九九号（新潮社、昭和四十一年）B5判
針『みづゑ』七二九号（美術出版社、昭和四十年十一月）A4判変形、四八〇円
無『みづゑ』七三二号（美術出版社、昭和四十一年二月）A4判変形、四八〇円
無『日本の美術』第一号（至文堂、昭和四十一年五月）AB判変形、九八〇円
針『デザイン』七五号（美術出版社、昭和四十年）A4判、四〇〇円
無『デザイン』一三五号（美術出版社、昭和四十五年）A4判変形、五〇〇円
無『芸術生活』復刊第一号（芸世新聞社、昭和四十一年）B5判、二六〇円
針『銀花』創刊号（文化服装学院出版局、昭和四十二年）B5判、二〇〇円
無『銀花』リニューアル第一号（文化出版局、昭和四十五年）B5判、五六〇円
針『アサヒグラフ』増刊号（朝日新聞社、昭和四十年）B4判、二五〇円
無『アサヒグラフ』増刊号（朝日新聞社、昭和四十三年）B4判変形、三〇〇円
無『卓球』（「旺文社スポーツ教室」、旺文社、昭和四十二年）新書判
無『日本印刷年鑑'68』（日本印刷新聞社、昭和四十三年一月）A4判、三五〇〇円

無『グラフィック　デザイン』四二号（グラフィックデザイン社、昭和四十五年）
Ａ４判変形
無『万国博美術展』（財日本万国博覧会協会、昭和四十五年）二〇〇×二二〇ミリ
無『こんな幹部は辞表を書け』（日本能率協会、昭和四十七年）新書判、四〇〇円
糸『女の子の躾け方』（光文社、昭和四十七年）新書判、三五〇円
糸『放任主義』（光文社、昭和四十七年）新書判、三八〇円
無『にんにく健康法』（光文社、昭和四十八年）新書判、三五〇円
無『読書術』（光文社、昭和四十八年）新書判、三三〇円
糸『半分愛して』For Ladies 37（新書館、四十七年）一七〇×一五〇ミリ、四五〇円
無『さようならパパ』For Ladies 67（新書館、四十八年）一七〇×一五〇ミリ、四五〇円
無『文藝春秋デラックス』創刊号（文藝春秋、昭和四十九年）Ａ４判、六〇〇円

●切断無線綴製本の市場開拓

限られた市場の中に新たに参入しなければならない新規開発技術の場合は、従来の技術に、品質・性能や価格で対抗し勝たなければ生き残れない。

無線綴製本の場合は、その製本技術の特性から、当初は安価で長期保存を前提としない雑誌や文庫本・新書本のような並製本が競争相手となるだろうことが予測されるが、現実にはどうだったのだろうか。

明治三十八年に創刊された歴史ある美術雑誌である『みづゑ』のバックナンバーが、古書店に大量に揃っていたため調べてみたところ、昭和四十年までは針金平綴であったが、翌四十一年から無線綴に代わっていた。ちょうどその変化する時の二冊を購入することが出来た。『カメラ毎日』『デザイン』『アサヒグラフ』や『銀花』も、同じように針金平綴から無線綴に代わった例であり、集めた資料数は少ないが、これらの二冊ずつ集めた資料から、無線綴がいつごろ、どんな製本技

「みづゑ」

術と競り合い、そして勝ち名乗りを挙げたかを読み取ることが出来る。この表にはないが、『三彩』『アトリエ』のように無線綴製本の出現に影響されることなく、ずっと針金平綴を通した雑誌もたくさんあり、必ずしも無線綴が針金綴よりも高く評価されていたのではないこともわかる。

約四十年経過したこれらの本を使って針金綴と無線綴の強度を比較してみると、針金綴は、ほとんど発売当時の形を保っていて壊れないが、無線綴は真ん中辺りを開くと、バリッという音を立てて製本が崩れてしまうことが多い。

毎月一回発行されているので、月刊誌と言ってもよいと思われる『日本の美術』第一号は、昭和四十一年五月に、『芸術生活』『太陽』や『文藝春秋デラックス』と同じように創刊号から無線綴製本で刊行された。これらの冊子の本文用紙はコート紙とかアート紙と呼ばれる塗工紙を使っているのが共通点である。また、写真をたくさん使っているグラフ誌であるのも共通点である。無線綴は開きがよく、グラフ誌を中心にシェアが拡がっていったのは、製本の強度や価格の問題だけではなく、ノドの近くまで印刷が出来、見開き写真を使えるなど紙面を無駄なく広く使える、といった特徴を持っていたことが大きな理由だったものと思われる。

資料の中では数少ない無線綴上製本角背の『日本美再見』は、無線綴製本の初期のものでもあり、版元にとってこの製本を選択するのは冒険だったのではないだろうか。背に厚紙を入れ、その厚紙に中身の背を貼りあわせる製本様式で、本文を開いたときにも閉じたときにも背の形は固定化したままで変化しない。このタイトバックと言われる角背が功を奏したのか、四十年が経過した今でも無線綴であることから来る欠点は見られない。製本所が新しい市場を開拓しようとする意気込みが感じられる実験的な力作であるように見受けられる。

昭和四十七年になると『こんな幹部は辞表を書け』、昭和四十八年には光文社の「カッパブックス」「カッパホームズ」などの新書判が、同様に新書館発行のFor Ladiesシリーズも糸かがり並製本から無線綴並製本へと乗り換えている。この頃に急激なシェア拡大が行われたのがわかる。

昭和四十年代後半になると、それまでは多くの文芸書で採用されていた四六判サイズの糸かがり上製本は、なぜか中々手に入れることが出来なくなっていた。次章で紹介するあじろ綴製本が考案され、無線綴製本の新たなライバルとして、昭和四十年代後半には勢力を急激に広げていき、糊を使った製本同士の市場争いが始まるからである。

●外国での切断無線綴製本の始まり

製本関連の記事が掲載されており文献資料としても貴重な『日本印刷年鑑'68』には、スイス・グラファハンスミューラー社の無線綴機械の広告や、印刷製本機材輸入一覧などが掲載されている。また、この本そのものが初期の無線綴でもあり、実物資料としても文献資料としても第一級資料である。同誌の「輸入機材一覧」によると、当時輸入されていた無線綴機は、アメリカ・デキスター社の無線綴機、スイス・マルティニ社の自動無線綴機、アメリカ・シェリダン社の自動無線綴機の三社の製品であり、広告ページのスイス・グラファハンスミューラー社の製品が表には記載されていないが、無線綴機械を発明したのはこれらの国である可能性が高い。

エリク・ド・グロリエ『書物の歴史』（白水社、平成二年）には、「最近では、新しい接着剤の発見によって、縫い目のない厚紙表装や仮綴じが出来るようになった《完全製本》」とある。原著は一九五四（昭和二十九）年に刊行されており、すでにそれ以前にフランスでも無線綴が行われていたようだ。

もう少し古い「無線綴」の話を見つけた。高野彰訳『西洋の書物―エズディルの書誌学概説』（雄松堂書店、昭和五十二年）には「無線綴製本」

のことと思われる記述が、「未綴《かが》りとじ（Unsewn bindings）」という項目で「一八三六年にウィリアム・ハンコック（William Hancock）はゴム溶液を使って一枚ずつばらの紙葉をはり合わせる方法で特許を獲得している。この方法だと紙葉を集めてひとまとめにし、背の部分をざらざらにしてゴムばりをし、ゴムのかわかないうちに耳板でバッキングすなわち背の部分の丸見出しをする。この製本の寿命はゴムのきいている間の数ヶ月がせいぜいであって、それを過ぎると、図書は再びばらばらの紙葉の集まりに化してしまう」とある。まさに「無線綴」の始まりである。さらに、「この種の製本が余り広く用いられたことを非難して、この方法は電話番号帳のような長期間使用しない出版物にかぎって用いるべきであるとよくいわれたものである。この前の世紀の最後の二十五年間に爆発的な流行をふたたび呼び、はては、『完全な図書館製本』という、およそ誤解したとしかいいようのない名前すらつけられたほどである。昔の古い方法に代わって新しい方法が用いられているが、違いはゴム溶液がプラスチックの接着剤に代わったにすぎない。……この方法がペーパーバックの本の製造に大々的に用いられてきたことはもちろんだが、加えてその他のかなり恒久的に使う出版物にも、その適用範囲をしだいに広げてきている。」

と書き記している。一八七五年から一九〇〇年にかけて爆発的に流行したことや、ペーパーバックの製本様式になったことなど、外国での無線綴の始まりについては、この文章でよくわかった。

あじろ綴

●「あじろ綴」とは

ある出版社で、発注用の製本仕様を書く欄に「あじろ綴」と並んで空欄のカッコがあり、空欄に別の製本様式を指定しないかぎりは、自動的に「あじろ綴」になってしまう、という話を聞いたことがある。他の出版社でも同様のことが起きているものと思われ、今や四六判の単行本はほとんどが「あじろ綴」で製本されているようだ。「あじろ綴」って、一体どんな製本なのだろうか?

まずは、もう何年も愛用している日本印刷学会編『印刷事典』(大蔵省印刷局、昭和三十四年)で調べてみたが、「あじろ綴」という項目が見つからない。『出版事典』（出版ニュース社、昭和四十六年）や『新版印刷事典』（大蔵省印刷局、昭和四十九年）にも見当たらない。昭和五十三年発行の関善蔵『エディトリアルガイド』（誠文堂新光社）に、やっと見つけることが出来た。関善蔵『編集印刷デザイン用語辞典』（誠文堂新光社、昭和六十二年）には「製本の中身のとじ方の一つ。無線とじのように糸も針金も使わないとじ方。折丁の背に機械で切れ目を入れて、接着剤をその切れ目に浸み込ませて中身全体を一冊に固着する方法。無線とじより丈夫で、糸とじに近い感じでのどまで一杯に開き、とじしろがわずかしかない製本法。」とある。どうも短い言葉で説明するのは難しいようで、具体的なイメージがつかめない。同

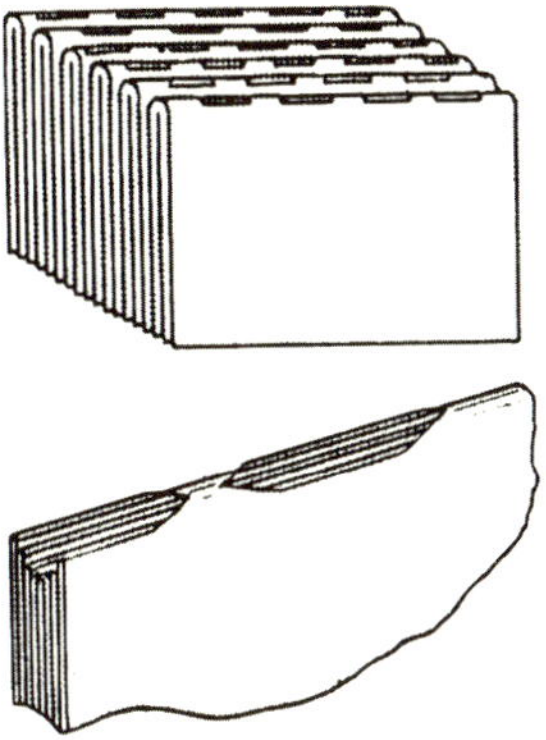

あじろ綴の切り込み
『造本の科学　上』より

書の無線綴の項には「……折丁の背を断裁する方法は、紙がバラバラになって脱けやすい欠陥があり、これを改良したあじろとじがつかわれている」とある。あじろ綴製本は、無線綴の改良型と言うことのようだが、果たしてそうだろうか？　もう少し詳しい説明のある本を調べて見よう。

日本エディタースクール編『造本の科学　上　―造本篇―』（日本エディタースクール出版部、昭和五十七年）には、「無線綴には、切込み、カット、あじろなどがあります。……あじろ式は、折り機で折る際、最終の折目（背の部分）に穴を開けておき、丁合後に接着剤で背を接着します。ですから、この穴から接着剤が中に浸透して、折丁全部（一六ページ折りですと四枚の重ね折り）に行き渡らないと、中の四ページの脱落が起こります。そのため、接着剤の吟味が非常に重要です。現在主に使われているのは、雑誌・文庫などの仮製本ではカット式が多く、本製本に仕立てる場合には、あじろ式が用いられます。」とある。ここでもなぜあじろ綴が、上製本に用いられるようになったのかは不明である。長期保存の可能性が少ない、いわゆる使い捨て本にはカット式（無線綴）が使われているということなのであろう。それはさておいて、前記の「これ（注、カット式無線綴）を改良したあじろとじがつかわれている」ということであれば、あじろ綴とカット式無線綴は、新型と旧型ということになる。しかし、しっかり棲み分けがされ、それぞれの特徴を活かし利用をしている場合は、全く別の方式とすべきで、改良型とは言いがたいのではないかと思う。あじろ綴の発生やあじろ綴がシェア争いをしたと思われるライバルの製本様式は何なのかなどを調べることで、本当のルーツを探ってみようと思う。

●あじろ綴はいつ頃から普及したのか

「あじろ綴製本」がどんなものかは、前述の説明でなんとか理解することは出来るが、いつごろからあじろ綴が始まったのか？　誰が考案したのか？　などに関して書かれた書物に、管見するかぎり出会ったことがなかった。前掲『エディトリアルガイド』に、「最近では機械で綴じる無線綴、あじろ綴が多い」とあるので、昭和五十三年頃にはすでにかなりポピュラーなかがり方だったことがわかる。そこで、あじろ綴がいつ頃から始まったものか、十八番の古書店巡りで実物資料を探し当ててみようと思った。以下、拙著『装丁探索』と重複する部分もあるが、わかりやすい実例としてもう一度簡単に触れておきたい。

初版が糸かがり上製本で、再版があじろ綴上製本になっているような、変化がわかる見本が見つかれば最高の資料となる。何度も増刷を繰り返しているロングセラーやベストセラーはその可能性が高いので、まず、昭和四十年代後半のベストセラーを『出版年鑑』で調べて頭に入れておき、新古書店の百円コーナーを漁ってみた。「あじろ綴製本」の書籍を三十数冊ほど見つけ、大漁旗をなびかせたいような気持ちで、勇んで帰宅した。以

下は、その収穫報告である。（行末は製本所名）

●昭和四十六年

源氏鶏太『坊ちゃん社員』（東京文藝社、初版、不明）

●昭和四十七年

野坂昭如『卍ともえ』（講談社、初版、大製）

大江健三郎『みずから我が涙をぬぐいたまう日』（講談社、初版、大製）

津村節子『欲望の海』（講談社、初版、藤沢製本）

丸谷才一『たった一人の反乱』（講談社、十四刷、大製）

石原慎太郎『祖国のための白書』（集英社、二刷、中央精版）

●昭和四十八年

松本清張『球形の荒野　下』（文藝春秋、初版、加藤製本）

吉行淳之介『一見猥本風』（番町書房、初版、板倉製本）

畑正憲『ムツゴロウの結婚式』（文藝春秋、十二刷、藤沢製本）

井上ひさし『青葉繁れる』（文藝春秋、八刷、加藤製本）

石垣純二『常識のウソ』（文藝春秋、二十二刷、加藤製本）

高橋和巳『孤立無援の思想』（河出書房新社、二十一刷、小泉製本）
司馬遼太郎『霸王の家』（新潮社、四刷、加藤製本）
黒岩重吾『相場師』（青樹社、初版、土開製本）
水上勉『湖の琴』（講談社、七刷、初版-四十一年、藤沢製本）
吉行淳之介『猫踏んじゃった』（番長書房、初版、加藤製本）
曾野綾子『幸福という名の不幸』（講談社、三十刷、藤沢製本）

●昭和四十九年

五木寛之『青春の門　筑豊篇』（講談社、初版-昭和四十五年、藤沢製本）
丸谷才一『年の残り』（文藝春秋、十一刷、加藤製本）
ロベール・メルル『イルカの日』（早川書房、二刷、明光社）
源氏鶏太『良心的な課長』（番町書房、初版、加藤製本）
丹羽文雄『渇愛　下』（新潮社、初版、新宿加藤製本）
井上ひさし『モッキンポット師の後始末』（講談社、十四刷、黒柳製本）
陳舜臣『阿片戦争』（講談社、七刷、初版-昭和四十六年、黒柳製本）
榎本滋民『夢二恋歌　上下』（講談社、初版、黒柳製本）

和田誠『にっぽんほら話』（講談社、初版、国宝社）
小峰元『ピタゴラス豆畑に死す』（講談社、五刷、国宝社）
小峰元『アルキメデスは手を汚さない』（講談社、十一刷、国宝社）
ボブ・ウッドエアード『大統領の陰謀』（立風書房、四刷、東京印書館）
山崎豊子『華麗なる一族』（新潮社、二十刷、新宿加藤製本）
遠藤周作『ピエロの歌』（新潮社、初版、新宿加藤製本）
遠藤周作『大変だァ』（新潮社、初版、新宿加藤製本）
リチャード・バック、五木寛之訳『かもめのジョナサン』（新潮社、十七刷、大口製本）
高野悦子『二十歳の原点』（新潮社、五十七刷、大口製本）

これらの資料のなかでは、昭和四十六年に発行された『坊ちゃん社員』が、一番古いあじろ綴製本であることがわかる。『幸福という名の不幸』は、たまたま二冊あり両方購入してきたので四十七年に発行された初版は糸かがり上製本だったが、翌四十八年に発行された三十刷は「あじろ綴製本」であることがわかる良い資料となった。また『青春の門　筑豊篇』も四十五年発行の初版は糸かがり上製本であったが、四十九年発行の二十二刷から「あじろ綴製本」に代わっていた。『たった一人の反乱』は四十七年に発行された十四刷なので、もう少し集めれば一番古い「あじろ綴製本」を見つけることが出来る可能性がある。とにかく、四十八年、四十九年あたりに「あじろ綴」を採用する書物が多かったので、この頃から「あじろ綴」が「糸かがり綴」を凌駕していったのであろうことがわかる。四十九年になると急激にあじろ綴で製本された書物を収集しやすくなったことからも、この頃、勢いよく普及したのだろうということが推察出来る。

今日では、四六判上製本だけではなくほとんどの書物があじろ綴製本になっている。糊を使う製本は、長期保存をあまり考慮しなくてもいい書物に採用されるはずだったが、製本が早く価格も安いということで採用されることが多くなったのだろうか。いわゆる使い捨ての本だけではなく、本来は嗜好性の強い函入上製本でさえも、あじろ綴が採用されていることが多く、単行本、雑誌を問わずに製本はあじろ綴製本が席巻している感じが強い。あじろ綴の経年変化に対する強度は、糸かがり製本に比べて優れているという保障はなく、また、壊れた本の再製本も難しいので、本にとって、必ずしも良い選択であったとは言えないかも知れない。二十世紀は画一化、平均化の時代と言われ、製本も安かろう悪かろう商品の例外ではなかったのではないだろうか。そのことが本にとって不幸な未来にならないことを願う。

●あじろ綴の嚆矢

一体誰が、いつ頃考案したのか、なかなか探り出せずにいたが、ある講演会で、唐突に「……あじろ綴は私が考案しました」と言うのを聞いた。こんなに都合よくいい話が転がり込んでくるはずがない、と耳を疑った。講演終了後に、講演者の上島松男さんを訪ね、「あじろ綴を考案した、と

『レーニン 10 巻選集』

おっしゃっていましたが……」と質問をすると、「昭和四十二年か四十三年ごろだったと思います。書名は『レーニン十巻選集』です」と即答してくれた。帰宅してから、物証を手に入れるために早速インターネットで、『レーニン十巻選集』第七巻（大月書店、昭和四十四年）を購入した。しかし、どうしたことか入手した本は糸かがり上製本であった。昭和四十五年刊の第二巻も同じく糸かがり上製本であった。さらに真偽を確かめるべく、発行元の大月書店の河上裕一取締役に電話をしてみた。すでに上島氏からも電話が入っていたらしく、保存資料の中から『レーニン十巻選集』を探しだして、「あじろ綴上製本」であることを確認してくれた。私が購入した本は、当時、短期間にたくさん作らなければならず何社かに手分けして製本したため、まだあじろ綴の機械を備えていない製本所で製本されたものだった、との説明があった。

●日本で生まれたあじろ綴

上島氏が当時勤めていた関山製本社では、昭和四十三年までは、上製本・並製本共に百パーセント糸かがりだったそうだ。しかし、その数年前から各出版社からの要望でコストダウンを余儀なくされていた。上島氏は製本工程での省力化を図り、折り、糸かがり、仕上げのうち、当時最も手間がかかった糸かがりの工程に目をつけ、糸を使わないですむ方法を模索したという。従来は厚めの紙を折るときに、袋折りになる部分に空気抜きのためにスリッターという空気抜きの穴を開けた。この空気穴をもう一回、背になる袋折りの部分に開け、そこに接着剤を流し込めば、綴じることが出来るのではないかと、ひらめく。しかし、当時は、あまり良い接着剤がなかったので、中條製本社・中條葆氏、石塚産業、岡田商店と共同で研究し、三年ほどかかりなんとか使える接着剤を開発した。機械の方も芳野出版機械、前田機械に相談し、関山製本社に設置されていた折畳機六台全部を改良し、折り工程のローラー部に円形の刃物・スリッターを取付け「あじろ綴機械」とした。最初は小ロットでスタートしたが、昭和四十四年にあじろ綴上製本では最初の大仕事となる、大月書店『レーニン十巻選集』各一万部を受注した。その大役を上島さんがまかされ無事に成し遂げたということである。管見した限りでは、この本が日本で最初のあじろ綴製本である。

フランス装の歴史

●フランス装とはどんな製本

フランス装って、何だろう？　という質問には答えることが出来るが、フランス装の歴史については、これがなかなか捉えにくく、ほとんどわかっていない。

なぜ捉えにくいのかというと、一つには、かつてブームというほどにもてはやされたことがないのか、エッセイや文学作品に名前が登場することも少なく、名称もあいまいである。もう一つ、フランス装専用の機械があるわけではなく、機械史などにも出てこないため、歴史に取り組むには文献資料も少ない。書影だけではフランス装かどうかを判断するのは難しく、また、製本様式を記載してある文献は書誌学辞典くらいしかない。今まで見てきた限りでは、フランス装の歴史について書かれた本などない。手元にある古い本を眺めてみると、戦前からあったようなのだが、私一人で日本中の本をみんな点検するわけにもいかず、かといって架蔵書だけで、歴史を語ってしまうというのも大胆過ぎる。これまでも、毎週古書市などに出かけ本を漁りまくって原稿の締め切りに追われながら書いた。それを思えば、「フランス装」も少し時間をかければ、書けるのではないか、そんな楽観論が脳裏をかすめ、勝手に本棚に手が届いて、架蔵書の中からフランス装らしい本を数冊とり出していた。

田辺隆次編『小泉八雲読本』(第一書房、昭和十八年)
野口鶴吉『砂繪呪縛』(松竹株式会社出版部、昭和二十二年)＊見返しと表紙が糊付け
徳田秋聲『縮図』(小山書店、昭和二十二年)
川口松太郎『三味線武士』(矢貴書店、昭和二十二年)

井上友一郎『絶壁』（改造社、昭和二十四年）
井伏鱒二『本日休診』（文藝春秋社、昭和二十五年）＊四隅の折りが複雑で面白い
大佛二郎『帰郷』（六興出版社、昭和二十五年）
川口松太郎『新しいパリ新しいフランス』（文藝春秋社、昭和二十七年）
丹羽文雄『丹羽文雄作品集』（角川書店、昭和三十二年）＊芯ボールがある

本来フランス表紙は、ダストジャケット的な役割があるはずなのだが、なぜかこれらのほとんどに、さらにジャケット（カバー）が付いているのが特徴だ。また「＊」印のコメントを付した本は、「フランス装もどき」とでもいうべき製本で、判断が難しい。

私は三十年間も装丁業をやっているが、記憶する限りでは、フランス装の書物は一冊しか作ったことがないので、あまり具体的なことについては知らない。一見、フランス装のように見えても結構判断の難しい作りの本もある。自信を持って判断出来るように、一体フランス装ってどんな製本

なのかを、作業が進む前にしっかりと確認してみようと思い製本関連の本を紐解いて見た。

『出版事典』（出版ニュース社、昭和四十六年）には、「仮製本の一種。綴じ上げた本の中身を丸み出しやバッキングをすることなく、角のまま四辺を折返した紙表紙で包んだもので、見返しを表紙の折返しで三方からかぶせたものと、見返しの小口を糊付けしたものとがある。初めフランスでもっぱら行われ、愛書家が自己の好みに合わせて本製本に改装するのに便利なように作られたところからこの名がある」と、説明されている。

もう一冊、製本に関しては最も頼りになる書物、牧経雄『製本ダイジェスト』（印刷学会出版部、昭和五十三年八刷）によると、

「中身よりも天・地・左・右がそれぞれ三〇〜五〇ミリほど大きい表紙用紙に、図左のように折目をつけ、背になる部分の天・地をそれぞれ切り込んで折り返し、ここをノリづけします。つぎに、その四すみを右図のよ

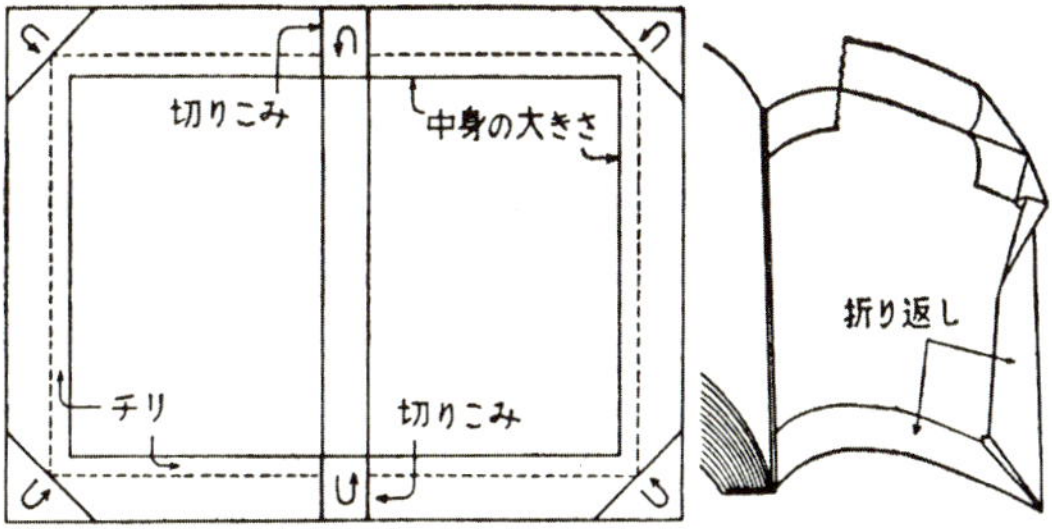

フランス表紙の図、牧経雄『製本ダイジェスト』より

うに折り返し、つづいて天・地・小口を折り返して、これを中身に着せます。このとき、表紙の背と中身の背とを接着させる様式と、中身の見返し一枚ずつ、おもて表紙と裏表紙との折りたたみ部にはさむ様式とがあります。」

と、表紙の背の内側を本文の背と接着する場合と、しない場合があるようだ。さらに、「フランス表紙は、本来愛書家がこれを本製本に改装することを予想して考え出された様式です。したがって、ヨーロッパでは、仕上げ裁ちをしないアンカットの中身をくるむのがふつうでした。しかしわが国では、一般に仕上げ裁ちした中身をくるんで、そのまま保存しています。」
とあり、本来はアンカットの中身をくるむものだが、日本ではそうではない場合が普通で、三方仕上げ裁ちしたものにフランス表紙を着せるようだ。

インターネット版『大辞泉』で「フランス装」を引いてみると「仮綴(と)じ装本の一。綴じただけで裁断せず、縁を折り曲げた紙表紙などをかぶせた装本。ペーパーナイフでページごとに切って読む。本来は、愛書家が自分用に装丁し直すためのもの。フランスとじ。」とある。なるほど短文だが的確だ。

ネーミングが国名と同じなので、あたかもフランスで発生したかのように錯覚してしまうが、かつては、フランスだけではなくヨーロッパでは仮の表紙をつけて流通され、購入した時に本当の表紙で製本したようだ。購入してから本製本に改装するのに便利なように、糊を使わず表紙で本文紙を包むようにして販売した。

しかし、日本では本製本（綴じつけ本）に改装するなんてことは万が一程で、仮製本のままの輸入書を瀟洒な製本などといって、洋行帰りの粋な文人たちが愛でたのではないだろうか。

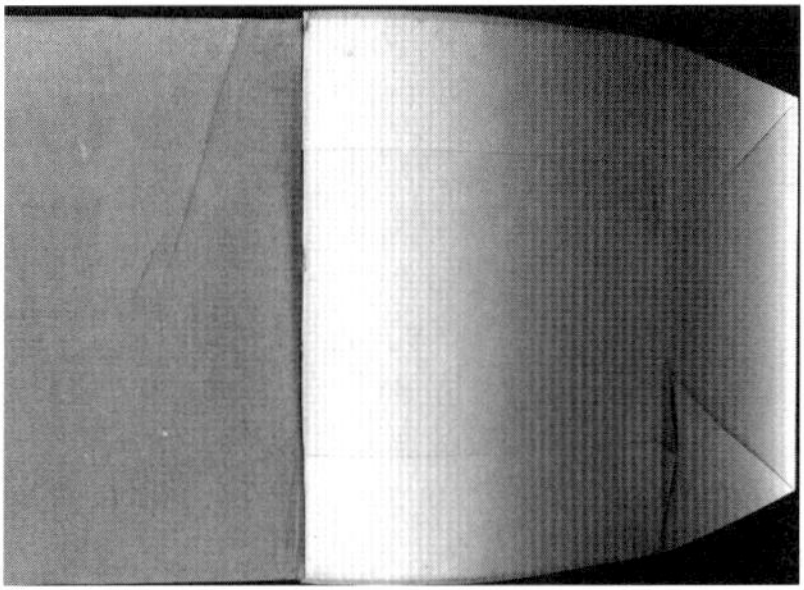
フランス装の表紙の裏面。コーナーの折り方は、製本所によって多少の違いがある

インターネットで「フランス装」を検索してみると、多くの人がアンカットをフランス装と勘違いをしている。本文をペーパーナイフで切り開きながら読むのはアンカットといい、上製本や並製本のアンカットもあり、アンカットはフランス装だけの特徴ではない。周りを折り込んだ表紙を装着しているところに特徴があるのがフランス装なのである。

●オランダで発行されたフランス装の書物

L. BICKER「LEGERZIEKTEN」(EERSTE DEEL, 1785)がその本である。日本でいえば江戸の中期の書物であり、かなり古い。オランダ製だからなのか、今日日本で発刊されているフランス装とは少し違う。見返しのノドの部分は糊付けせずに第一折と一緒に綴じつけてあり、その上には製本構造を隠すかのように薄い紙の表紙が懸けてある。さらにその上を覆うもう一枚の四方を折込んだ表紙が懸けてある。糊は折り込んだ表紙のホンの一部に小指の爪の大きさ程度に使われているだけである。

私たちが普段見ているフランス装は、背の部分を糊付けしてしまうが、この本は折り込んだ部分に小指の先ほどに糊をつけただけで、いずれ外すことを前提として作られていることがわかる。

特に背に糊付けしてしまうと、解体する時に本体の背に傷を負わせることにもなりかねず、そうなると書物にとっては命取りになる。つまり、仮の表紙は、流通過程での本体の保護のためにとりあえずつけられたもので、書物の本体（本文紙）と表紙を糊で繋げることはない。

日本では好事家達に愛好されているが、再製本が困難であるため「愚かなる製本」といいたくもなるフランス装と、ヨーロッパで古くから行われていた仮のジャケットとしての製本とは、構造も造本の目的も全く別のものであり、日本製フランス装の祖先ではないように思える。そんな理由で、これからフランス装として集める資料は、日本で刊行された「フランス装」に限定することにした。

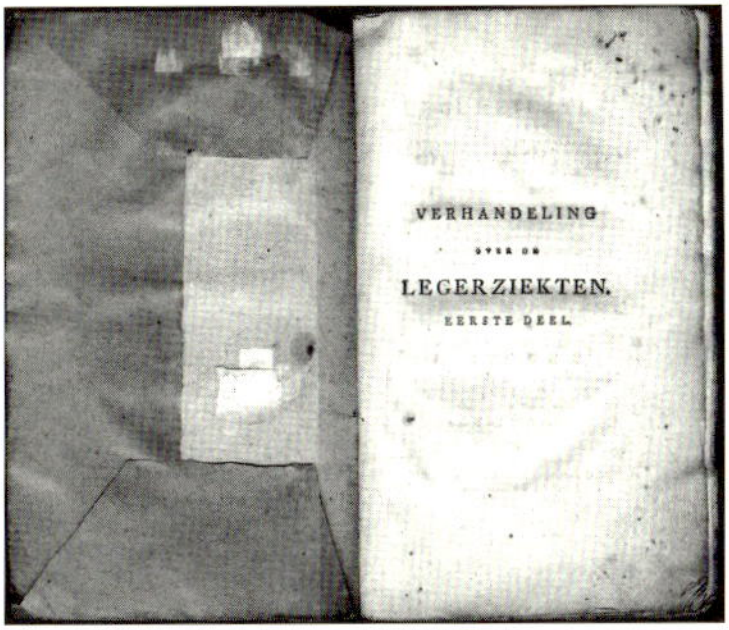

外国で発行された仮綴の古い本、
L. BICKER「LEGERZIEKTEN」

なんのかんのと減らず口をたたいているが、製本史の傍流とでもいうべき、誰も見向きもしない異端の部分に焦点を当てるのは、困難な作業だが、じつはかなりの快感でもある。

谷崎潤一郎『盲目物語』（中央公論社、昭和二十一年改訂版）を見ると、フランス装だが、小口に口糊《くちのり》と言って糊付けしてあり、これは仮フランス装というようだ。ちなみに本フランス装は見返しがあり、裏側に折り返した表紙の袋状になる部分に見返しを挿入したものをそう呼ぶという。

また、「三方截ちした本文紙にフランス表紙を着せたものを仮フランス装といい、アンカットの本文紙にフランス表紙を付けたものを本フランス装」という説を多く見かける。こちらの方が正しいように思えるので、本稿ではこちらの説に従う。

●第二次世界大戦前後に多いフランス装

神保町の東京古書会館に行ってきた。三時間ほどかけてフランス装らしきものはとにかく手に取って眺めてみた。年代的には第二次世界大戦を挟んだ昭和十〜二十年代に刊行されたものがほとんどだった。それより古い本は見つからなかった。それより新しい年代に発行された本はたくさんあったが、今回は必要がないので購入しなかった。背の文字が手書きのものを注意して探すようにすると、昭和三十年代より古いものだけを見つけることが出来る。そんなふうにして四十〜五十冊あった中から発行年が比較的古く、この時代としては装丁がいい本だけを四冊ほど購入してきた。

野沢富美子『長女』（第一公論社、昭和十五年）
島木健作『随筆と小品』（河出書房、昭和十六年）
角田喜久雄『髑髏銭』（文化書院、昭和二十一年）
林芙美子『浅草ぐらし』（実業之日本社、昭和二十三年）

数的には、仙花紙本といわれ、物資の不足していた時代のものが圧倒的に多いのが気になった。表紙に使う資材が調達出来ずに、やむを得ず芯ボールのいらないフランス装を選ばざるを得なかったのではないだろうか？　そんな消極的な支持によってフランス装がもてはやされていたのではないか。瀟洒な製本などといって、フランス装を好んで積極的に選ぶようになるのは、それからかなり後の豊かになった時代ではないか。などと、古書市でつぶやきながらこの日に買ったフランス装を眺めた。今回購入した中では『長女』が最古のフランス装だが、昭和十五年発行では初期のフランス装とはいえない。

仮フランス装の角田喜久雄『髑髏銭』

●フランス装ってそんなにいいのか？

フランス装は必ずしも好感を持たれているとは限らないのではないか、

という私の不安が的中したような文章があった。宮本百合子『獄中への手紙一九四〇』には、「『明日への精神』やっとでました。表紙は白でフランス綴です。小磯良平のトンボがかいてあって、題は朱。トンボの色は写生風で瀟洒としている（そうです）が、私は自分の量感がでていないのであまり感服いたしません……本のつくりかた雑なのよ、ですからすこし悲しいのよ。折角なのにねえ。でも出ましたからよかったとしなければなりません。」とあり、「本のつくりかた雑なのよ」とは、フランス装が気に入らなかったのかもしれないが、この文面からははっきりしない。とにかく不満だったようだ。

「量感がでていない」というのは、上製本と比べると何となく軽薄な感じがする、と解釈するのは私だけだろうか。戦時中に本が出るだけでも大変なのに製本など選んではいられなかったのだろう。宮本百合子が「小磯良平のトンボがかいてあって、題は朱。トンボの色は写生風で瀟洒として

宮本百合子『明日への精神』小磯良平装丁

いる（そうです）が、私は自分の量感がでていないのであまり感服いたしません……本のつくりかた雑なのよ、ですからすこし悲しいのよ。」と言って嘆いていた本を見たくなり、インターネットで検索してみた。福岡県の古書センター飯塚店にあるのがわかり、早速注文した。

『明日への精神』は、果たして嘆くほど悪い装丁なのか、まず書物の写真を見ていただこう。

決して印象の悪い装丁ではない。テーマと絵がそぐわないとでもいうのだろうか。なぜトンボが『明日への精神』なのか？　と問われたら、答えに窮するけれど……。このような抽象的なタイトルの場合は何をビジュアルにするかが結構難しい。一寸そっけなくものたりない気がしないでもないが、必ずしも内容にそった挿絵のような装丁をする必要はないので、これはこれで、悪くはないのではないかと思う。

デザインが原因でないとすると、やっぱりフランス装がお気に召さなかったのではないだろうか。前掲の『長女』のように表紙には四六判百二十キログラムほどのやや厚みのある紙を使えば、「地券紙本」のようなしゃきっとした感じになるが、『明日への…』の場合は本文用紙のような薄手の紙を使用しているせいか、いかにも仮製本というようなぺらぺらな表紙で、やや表紙が軟弱な感じがしないでもない。

もう一つ、嘆かせた理由を考えるとすれば、宮本はフランス装を初めて見たのではないかと推察するのである。「上製本で刊行するような内容なのに、この安っぽい装本はナニ！」と言うような、内容に対する自信から来る期待と現実とのギャップに、嘆きの度合いも大きかったのではないだろうか。「『明日への精神』やっとでました。表紙は白でフランス綴です。」

とわざわざ断っているのは、「フランス綴などというご大層な製本名がついているが……」というような、不満を表しているようにも読み取れる。

私が宮本の文章から受けた印象では、書物に関しては、造詣が深いと思われる宮本でさえ知らなかったのだから、当時フランス装はあまり知られていない、まだ新しい製本様式だったのではないかと推察するのである。そうであると仮定するなら、これまで数日間、古書市巡りをして感じた「明治、大正時代には、フランス装はなかったのではないか」という印象と一致するのだが……。

●再版でフランス装になった『盲目物語』

少し前にふれた『盲目物語』は、昭和七年に発行された初版は上製本だったが、昭和二十一年に発行された改訂版は「フランス装小口糊」に変更されている。これは、よく考えれば、装丁を担当した谷崎潤一郎は、フランス装を知っていたが採用しなかったのではなく、初版が発行されてから改訂版が出るまでの間にフランス装を知ったと考えるのが自然なように思える。

『盲目物語』改訂版の函

このことと、フランス装がいつごろ日本で始まったのかと言うことに、必ずしも因果関係があるとは思えないが、初版を発行した当時すでにポピュラーな製本だったとしたら、谷崎ほど装丁に興味を持っていた人物が興味を示さなかったとは思えない。なにしろ改訂版で初版発行時の製本を変更してでも採用したかった製本なのだから。

「都会文化の申し子ともいうべき存在

であって、洗練された美を追及した」（『近代日本文学史』明治書院、昭和四十三年）と言われる谷崎が、おしゃれと言われたフランス装を知らなかったとすれば、フランス装は、昭和七年当時には、やはりさほど市民権を得ていなかった製本だったに違いないと推察する。

●藤田嗣治とフランス装はよく似合う？

友人が経営する神保町の古書店「王睛《きゆうせい》」に寄り、「フランス装の古い本を探しているんだけど……」と尋ねると、折田学『もんぱるの』（第三書院、昭和七年）を出してくれた。コート紙の表紙に、藤田嗣治が描いたカラーの挿絵が割り付けられている。扉には限定総部数の記載がなく限定番号「501」とある。これでは一体何番まで限定番号が続くのか不安になる。怪しげな本だ。

表紙の装画をよく見ると、女性にからまれているのは装画を描いた藤田画伯自身である。これはフランス仕込みのエスプリなのか。内容はパリの南部の街での話だからフランス装を採用したのだろう。しかし、限定本には高価な書物という先入観があるせいか、宮本百合子が嘆いた本とよく似たこのフランス装の本は、見かけが安っぽく、限定本と言われても今一つうなずけない。洋行帰りの紳士には、これがおしゃれだったのだろうか？

一般的に技術革新が導入されるには、コストダウンとか、工程が省かれるとか、新たな構造で強度が増すなど、どこかに新しい技術の「売り」になるものがあるものなのだが、フランス装の場合は芯ボールを使わない分だけ多少安くすむということ以外は、「西洋風でおしゃれっぽい」だけが取り柄のような気がする。手間はかかる

折田学『もんぱるの』

が資材が安くすむのがよかった時代にもてはやされた製本で、今では人件費が高いので、むしろ資材は高くても人手のかからない方が安く出来て喜ばれる。

フランス装の誕生のいきさつについては、技術革新によって生まれた本ではなく、モボ、モガたちの強い嗜好性を受け入れることで誕生した製本様式ではないかと、私はやや皮肉っぽい見方をしている。イメージ優先で、手間がかかり制作費や強度などから見るとマイナス面が目立つ。嗜好品とはそんなものなのかも知れないが……。

なんのかんのと言ってみたが、この『もんぱるの』のおかげでやっと、昭和初期のフランス装にまでたどり着くことが出来た。やっとの思いで探し当てたフランス装の実物見本だが、まだまだこれが最初のフランス装とは思えない。何しろ、フランス装の書物は明治初期の頃から、たくさん輸入されており、フランス装の見本には事欠かなかったはずで、初めて登場した時期については、まだ疑う余地は残っている。神保町まで行って、これ一冊購入しただけで帰ってくるわけがない。当然、古書モールにも足を伸ばした。ここでは翻訳物を三冊購入。

ラモン・フェルナンデス、高木佑一郎訳『女に賭ける』（芝書店、昭和十一年）
レイモン・ラディゲ、堀口大学訳『ドルヂェル伯の舞踏会』（白水社、昭和十四年）
ジュウル・ルナアル、岸田国士訳『博物誌』（白水社、昭和十五年）

前記の『もんぱるの』より新しいものだが、翻訳物を得意とする版元である芝書店、白水社を調べればまだまだフランス装の本が出てきそうな気がしたので、押さえておこうと思い購入した。今日購入した本は全てがフランスに関する内容を扱っているという共通点がある。やはり、フランス帰りの伊達男達が好んでこの製本を採用したのではないか、という思いを強く抱かせる。

●細川書店と白水社

フランス装誕生の歴史を探る話からは、年代が少し逆戻りしてしまうが、先ず私がフランス装で思い浮かべるのは、何と言っても細川書店の細川叢書である。

「終戦直後の諸物資の払底していた時期に、岡本芳雄という一人の書物を心から愛する人物によって、あの時代としては奇跡とも言ってよいような美しい本の数々が世に送り出された。細川書店本である。わずか十年足らずの短い期間であったが、戦後出版史を語るときに逸することのできない存在であり、その書物は、今日でも多くの愛書家や研究者の心を虜にしてはなさない。」（福岡女子大学付属図書館所蔵資料展「細川書店の本」）

と、戦後まもない物資が思うようにならない時期に、版元と岡本芳雄の努力によって、美しい本が世に送り出されたことが記されている。

ほかにも「終戦直後彗星のように現われた細川書店は、塵紙のような粗悪なザラ紙の本が氾濫している時、当時としては目の覚めるような美しい紙の本を次々と刊行し、全く驚嘆したものである。」（高橋啓介『限定本彷徨』）と、細川叢書には高い評価を与えている文章があり、その卓越した装本のレベルの高さを当時の人が見た価値観で伝えてくれたのは嬉しい。

「細川だより十」には、

「かつて野田書房が、著者並に出版者が専ら知己に贈呈することを目的として百五十部の限定刊行をしたコルボオ叢書は三十頁前後の薄さながら、純粋造本のある極限を示していました。細川叢書はこれに範をとりつつ、その普及化を目指し、内容の選択に当たっては初版本とするという限界を設けず、幾たび単行本に収録されたものでも、すぐれていればこれを採り、部数も著者並に小店の自家版を含む署名入百八拾部の外、一般頒布用無署名本千八百二十部以内の刊行とし、会員には刊行毎に選択を自由としました。」

と、限定本であるが、従来の好事家だけに向けて作る少部数のものではなく、二千部以内にするという限定本に関する独自の定義を示し、一般にも頒布した。二千部発行して限定本と言うのには多少違和感があるが……。さらに、

「すぐれた文芸作品を最も純粋に鑑賞するためには、一つの作品は、一冊の独立した美しい本に造られていることが理想的であろうかと思われます。しかも、一篇では、所謂『本にならない』ほど短い作品のなかにこそ、その純粋さに於て素晴らしくすぐれたもののあるということに、何人も異論はありますまい。」

という観点から、単行本で出版された時には芥川龍之介『歯車』の中の一篇でしかなかった『河童』などを一冊の本として出版している。まさに「一つの作品は、一冊の独立した美しい本に」という理想にかなった典型的な出版物であろう。そして、

「一篇一冊、純粋造本の理想主義。最もすぐれた小篇を最良の用紙に最善の印刷をほどこし、瀟洒で堅牢な小冊子に収録して、一定部数を限って刊行し、造本の秀抜さをほんとうに理解して下さる愛書子の許へ贈ろうというのが細川叢書です。」

という岡本芳雄の言葉が独りよがりではないことを、前記の高橋の言葉が裏付けている。

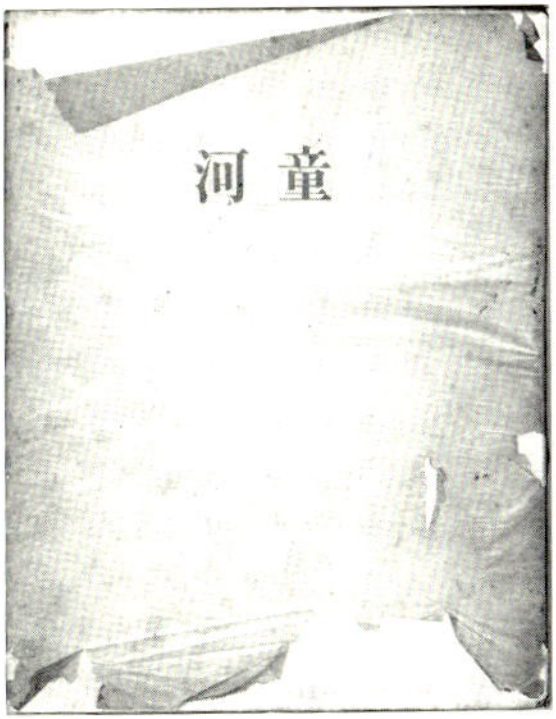

グラシン紙が小口で糊付けされている芥川龍之介『河童』（細川書店、昭和23年再版）

フランス装の書物の中で最も美しいと思われるこの細川叢書は、終戦後まもなく発行された悪評高い仙花紙のフランス装が溢れる中、「フランス装は美しい」というイメージアップに最も貢献した書物と言えるだろう。

高円寺の古書市に出かけ、フランス装を漁り二冊購入した。

矢内原忠雄『京詣歌集』（嘉信社、昭和十七年）

横光利一『實いまだ熟せず』（実業之日本社、昭和十四年）函入り

この二冊は共に表紙にグラシン紙がかかっているというだけで購入した。内側に折り込んだ部分の端に沿って糊代約一ミリ幅で糊付けしてある。当時のフランス装はグラシンをかけるのが一般的だったのだろうか？

帰宅して本棚を探して見たら、なんと、昭和六年のフランス装が見つかった。

山内義雄『窄き門』（白水社、昭和六年）

ポオル・ヴァレリイ『ヴァリエテ』（白水社、昭和六年）

昭和六年発行の『窄き門』は、今まで見た中で一番古いフランス装だ。江川書房を設立する江川正之が、まだ白水社で潁川政由紀と名乗って編集をしていたころの作品である。細川書店の細川叢書は、野田書房のコルボ

オ叢書に倣ったと言っていたが、野田書房は、江川書房を目指して出版社を立ち上げた。その江川書房の江川は、白水社で限定本出版を体験している。つまり、あの白鳥の翼を思わせる細川叢書の原点を辿ると、この白水社の本に行き着くといってもいいだろう。

『窄き門』の巻末広告には、白水社限定本として宇野千代著、東郷青児画『大人の絵本』五百部、アルチュル・ランボオ、小林秀雄訳『酩酊の船』二百部の二点の広告が掲載されている。先行して発売されたこれらの限定本にも普及版があるかも知れないが、発行年は『窄き門』とさほど変わらないだろう。

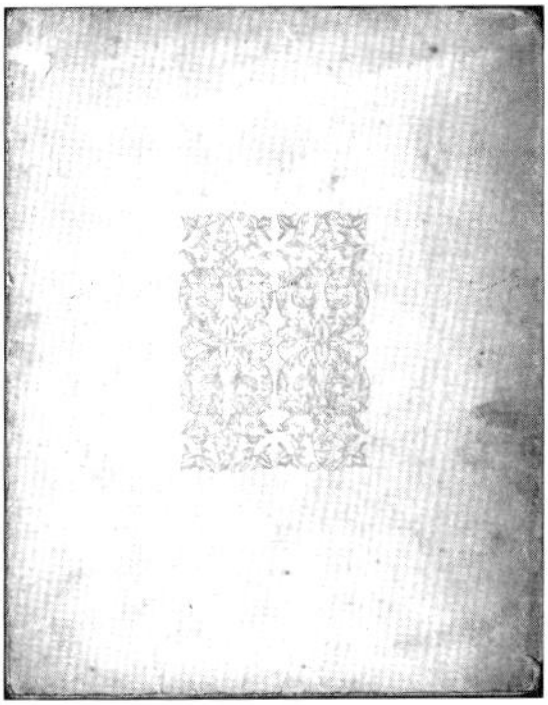

山内義雄『窄き門』（白水社、昭和6年）

細川叢書『河童』の場合、判型は約横百四十五×縦百八十ミリ、百十四頁、であるのに対して、白水社の『窄き門』は横百六十五×縦二百ミリ、三百二十八頁、と縦も横も二十ミリほど大きく、ページ数が約三倍もあるため束も厚く豪華である。しかし、外見だけで単純にこの二冊の善し悪しを比較することは控えたい。時代背景を考えると、細川書店は物資の少ない、書物の流通もままならないなどという厳しいハンディキャップを背負いながらも、かくも精一杯志高く出版を行っており、その健闘ぶりを残された書物から窺うことが出来るからである。機会があったら細川書店奮戦記とも言うべき「細川だより」を見ていただきたい。

コルボオ叢書という目標が目の前にありながら、さまざまな悪条件が襲いかかり、目標に近づくことさえもままならず、どんなにか無念だったことだろう。そう思うと、悪条件を克服しながら、細川叢書という素晴らしい書物を残してくれた先達に、今さらながら感謝の拍手を送りたい。

●文献にフランス装の文字を探す

「フランス装」という文字は使われていないが、齋藤昌三、柳田泉編『内田魯庵　紙魚繁昌記』(書物展望社、昭和十八年)に掲載された「書籍の話」(昭和三年「アルス文化第講座」)に、フランス装について書かれたと思われる文章を見つけた。

「假綴本の表紙は中味より較や厚地の紙を被せたゞけである。が、中にはボッテリした羅紗紙やうの厚紙や幅広に断って紙端を折込み、或は『ベラム』のやうな強靱な紙を三萬(注、三方?)から折って一番上(注、外側)の紙を包んだものもある。同じ假綴本でも此種のものは用紙や圖案に凝るから頗る趣味の深いものがある。私の所蔵本でもクレイグの『舞台芸術』……レエリヒの『タラチキノの農民芸術』、クローゾの『黒人芸術』の如きは何れも假綴本だから架上に建てるには不便であるが、表紙をとって了へば價値の一半をうしなう。仏蘭西の本が通例卵黄色の紙表紙の假綴であるのは誰も知っているが、之に就いて仏蘭西人は倹約だから少し安い假綴を喜ぶのだと今でも云ふ人がある。が、然うばかりでも無いので、夫れよりは仏蘭西では愛書家になると發行書肆の裝釘では満足しないで自分の意匠で改裝し、中には家紋を表紙に入れて藏書を統一する習慣があるから其便利を計って假綴として置くのである。」

と、正に本場フランスで行われている仮綴の話である。

製本の話をしているのであるから、本来ならば、フランス装というべきではないかと思うが、一度もフランス装という言葉を使っていないのは、この当時（昭和三年）はまだフランス装という言葉が使われていなかったのではないだろうか。そう考えてもよいような気がする。

白水社の『窄き門』の奥付には、「定価　總革装　四圓／局紙装　二圓五〇銭」とあり、実際にはフランス装であるにもかかわらず、フランス装と言う言葉は使われず、「局紙装」となっている。

『書物展望』通巻四十六号（昭和十年四月）には、木村毅が「フランス式假綴の本を自分で装幀するのが好きだ。その意味でポルトガルで買って來た本に豪華版の装幀を施し、自ら愛蔵してゐる。」と記している。日本のフランス装の話ではないが、本場の仮綴本をフランス式假綴と言っている。

「フランス装」と言う言葉が一体いつごろから使われていたのだろうか。そう思って、書棚の中から昭和初期頃の書物を片っ端からとり出し、フランス装の文字を探しまくった。それらしい本を当たったつもりだったが、予想通りほとんど出てこない。辞書や製本のことが書いてある本にさえ、出てこないのは解せない。

また、『書物語辞典』（古典社、昭和十一年）には、「フランス綴（とじ）ふちを截たない假綴を云ふ。フランスでは、自家装釘のため、假綴本を要求する愛書家が多いと云ふ。」と記されており、日本でのフランス装とフランスでの仮綴を同じもののように扱っているのは、認識不足と言わねばならない。「假綴本を要求する愛書家が多い」とあるのも、仮綴のままであることをヨシとしている日本の場合とは、話が違うことを理解していないようにも読み取れる。フランスでは仮綴本を「フランス装」などと言って珍重したりはしない。「假綴本を要求する愛書家が多いと云ふ」と言う文章が誤解されやすいのかも知れない。

恩地孝四郎が編集したことで知られる『書窓』第十一巻第二号の上田徳三郎口述、武井武雄図解『書窓　製本之輯』（アオイ書房、昭和十六年）が、平成十二年に大日本印刷株式会社ＩＣＣ本部からオンデマンドで復刻されているので開いて見たら、フランス装の文字はないが、「軽装本」として説明図が掲載されていた。「近頃は、仮綴などと言って、厚手の紙一枚を背に貼り付け、周囲を折込んで表紙とした軽装本が多くなった。」とあり、昭和十年代に、フランス装の本が増えてきたことがわかる。「周囲を折込んで」とあるので、並製本ではなくフランス装のことであるのはまちがいない！

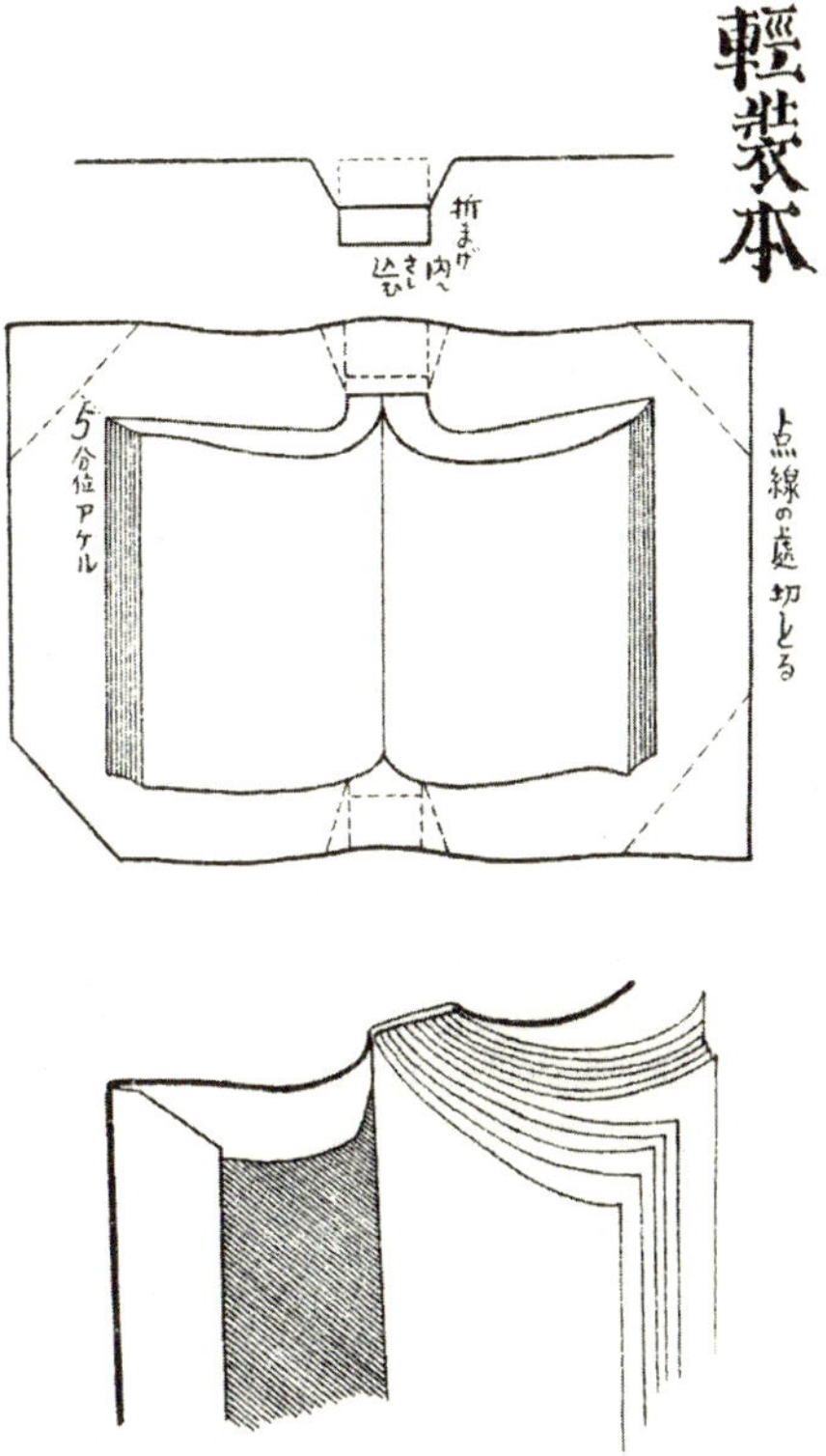

紀田順一郎監修、上田徳三郎・武井武雄『製本』（HONCO レアブックス 3、大日本印刷株式会社 ICC 本部）より

●昭和十年代に流行ったフランス装

仕事で神保町に行ったついでに、フランスの翻訳物をたくさん扱っている風光書房をはじめ古書店を数軒見て回ったが、白水社から昭和六年に刊行された『窄き門』『ヴァリエテ』よりも古いフランス装には出会うことが出来なかった。

収穫は次の四冊。

アンドレ・ジイド『新日記抄』(改造社、昭和十二年)
桑木厳翼『プラトン講義』(春秋社、昭和十三年)
吉田絃二郎『わが旅の記』(第一書房、昭和十三年)
ポオル・ヴァレリイ『ヴァリエテ』(白水社、昭和十年)

昭和十年代に発行されたものばかりを購入してしまった。特にそのような意図を持って選んだわけではないが、この頃に発行されたフランス装の書物がたくさんあるのだ。おまけに、なぜかどの本も白い紙を使っており、派手なイラストが配されている訳でもなく、全体に地味な感じがする。よくいえば、瀟洒である。版元や著者がフランス装を選択する意図がその辺にあるのだろう。

ジイド『新日記抄』は、タイトル金箔押しで小口は三方燕脂《えんじ》に小口染しており、白水社のフランス装の書物や細川叢書に比べるとやや豪華な感じがする本である。小口マーブルや三方金などと比べると決して豪華とは言えないが、フランス装には小口染が似合っている。左右の折り返しも表紙の左右幅百二十八ミリに対して九十ミリとたっぷりとってあり、ぜいたくで豪華な感じをいや増している。表紙に使われている紙の厚さも百二十キログラムほどのやや厚い紙を使っており、今まで集めたフランス装のなかでは一番品があり、格調も高い。製本職人のこだわりなのだろうか、表紙の折り込み方にも工夫があり面白い。

●明治、大正時代のフランス装

インターネットを使って「フランス綴」を検索していると、なんとKIHACHI OZAKI『高層雲の下』（大正十三年六月十六日　新詩壇社発行　フランス綴　略装　カバー　一六五頁　定価一円五十銭）というのを見つけた。この本が本当にフランス装なら、格別に古いフランス装になる。何とか見たい！　そう思っていたところ、届いたばかりの「石神井書林古書目録」に『高層雲の下』を見つけた。定価一万五百円はちょっと高い。購入すべきかどうか一晩悩んだが「ここでやらねば」と発奮し、申し込んだ。が、すでに売れきれていた。それではと、次は日比谷図書館で蔵書検索してみたがなく、さらに、国会図書館で検索すると、蔵書にはあったが、「形態　165p；19cm」とあるだけで、この書誌データーからでは製本様式がわからない。図書館製本されている場合が多いので、足を運ぶのを躊躇する。

都立図書館「全域選択」で検索してみたら、千代田図書館に一冊あることがわかった。さっそく行ってきたが、やはり図書館製本され、布装上製本に改装されていた。

なんとかほかに調べる方法がないかと八方手を打って探しているうちに「尾崎喜八文学館」の存在を知った。さっそく尾崎喜八文学館の堀隆雄氏に、フランス装の図解を添付してメールを送り、図のように表紙が四方から折込んであるのか、を確認してもらった。すると、『高層雲の下』の表紙はお送りいただいた図のような折り込みはありませんでした。三方が裁断されています。ただ本文（装幀の用語を知りませんので）は化粧裁ちしてなく、ナイフなどで切り開いていくようです。」との返事を頂いた。これは、「並製本アンカット」あるいは「仮製本アンカット」などと表記すべき製本のようである。従って、今のところ確認出来た最も古いフランス装の書物は、白水社から昭和六年に発行された『窄き門』と『ヴァリエテ』

ということになる。

もう行き詰まりかと思っていたフランス装についての文書を新たに見つけた。熊谷武至「装丁を変更した歌集」（『書物展望』通巻三十八号、書物展望社、昭和九年八月）にフランス装と同意語と思われる文字を見つけたのでその部分を転載する。これは前田夕暮が『収穫』（東雲堂、明治四十三年）の装丁を竹久夢二に依頼したが、気に入らなかったので自分で装丁した、という話である。

「……懇意であった畫家竹久夢二君に裝幀を依頼した。ところが竹久君が折角苦心してくれた裝幀がさういつては甚だ相濟まぬが、私の氣に入らなかつた。といふよりは、私の感じてゐたものと竹久君の感じてゐたものとがちがつてゐた爲めに私を少し失望させた。それでとうとう私は竹久君にたしか侘びをして、自分の裝幀で出版した。フランス型アンカットで表紙は白い適畫用紙にセピヤでただ『収穫』と初號で二字、上部稍右寄せに印刷。」（「短歌月刊」五の一『明治末期を回顧する』）と引用文の引用で孫引きになるが、「短歌月刊」五の一は、昭和八年に発行されたことがわかったので、昭和八年にはフランス型という言葉を使っていたことを確認出来た。とりあえずはこれは文献に確認出来た一番古いフランス装ということになる。

インターネットで『収穫』を所蔵している図書館を探してみると、都立多摩図書館にあることがわかった。さっそくメールで図書館のレファレンス・サービスに『収穫』の製本がフランス装であるかどうかの確認を申し込んだ。二〜三日したら、左記のような丁寧な報告を送ってきてくれた。

『収穫』（前田夕暮／著）の装丁について

メールでお寄せいただいたご質問について、以下のように回答いたします。

（1）当館所蔵の『収穫』（東雲堂　一九一〇年刊）は、一般的なハードカバーの本でした。
(2)都立図書館所蔵の第二次世界大戦前の資料は、ハードカバーに製本し直している場合も多いので、日本近代文学館に問い合わせたところ、明治四十三年に出された『収穫』はあるが、版元が易風社となっており、本もフランス装のアンカット版ではないとのことでした。(神奈川近代文学館にも問い合わせてみましたが、同様の回答でした。また神奈川で所蔵しているものは、元の持ち主が製本し直した跡がみられるということでした。)
(3)同じ年に、異なる版元から同じ題の本が本当にでていたのかどうかを確認するため、当館所蔵の『評伝前田夕暮』(前田透/著 桜楓社 一九七九年刊)を見たところ、巻末の「前田夕暮年譜」の明治四十三年の項より、『収穫』が、三月に易風社より出版されたということと、書誌情報として(四六判アンカット 本文一四二頁 五四一首、著者自装)とありました。さらに見ると、東雲堂より出された資料は、十月に出た増補再版のものであることがわかりました。書誌情報は（四六判本文一六〇頁、五九首増補、長原止水装幀、森田恒友口絵）となっていました。以上のことから、易風社から出た版が、本来、フランス装のアンカット本だったのではないかと思われます。当館で調査してわかったことは、以上です。

東京都立多摩図書館　情報サービス係　担当　堀

他の図書館の所蔵本や書誌情報まで調べてくれたようで大変に感激した。実物に出合うことが出来なかったのは残念だったが、図書館の方がここまで調べてくれるということを知ったのは大きな収穫だった。

製本史は、やはり製本の専門家達の歴史書を調べればわかるのではないだろうかと思い、『東京製本組合五十年史』（東京製本紙工業協同組合、昭和三十年）をひも解いてみた。まずは巻末にある「製本要語解」でフランス綴を探してみた。

「アンカットまたは丸縁ともいう。小口断裁をしないで、折りつ放しのもの。紙ナイフで切りながら読む。フランス装本に多いので、この称がある。フランスでは多くの人が自家装幀を好むので、仮製本で多く市販される。ただし、フランス仕立て（French finish）というのは、革表紙仕立てで、背部のバンドと書名だけ箔押しして、あとは無装飾の箔押法をいう。」とある。

本文中に「フランス装」と言う文字を探してみたら、「フランスものの刊行の白水社で出したものでは、宇野千代著『大人の絵本』（東郷青児装）、山内義雄訳の『窄き門』などあったが、同社のものでは寧ろ『ルナールの日記』、『未来のイブ』のようなフランス装の仮製本における意匠の清新さをあげるべきであろう。」という一文を見つけただけで、昭和十年代に刊行された書物があるという話にまでしか遡れなかった。

●和洋折衷様式のフランス装

和装本を一冊購入して観察してみた。先入観があるせいか、そうあって欲しいという願望が強いせいか、見れば見るほどフランス装によく似ている。大きな違いは、一枚の表紙で本文紙を包むのと、表表紙と裏表紙が別々になっているかどうかだ。

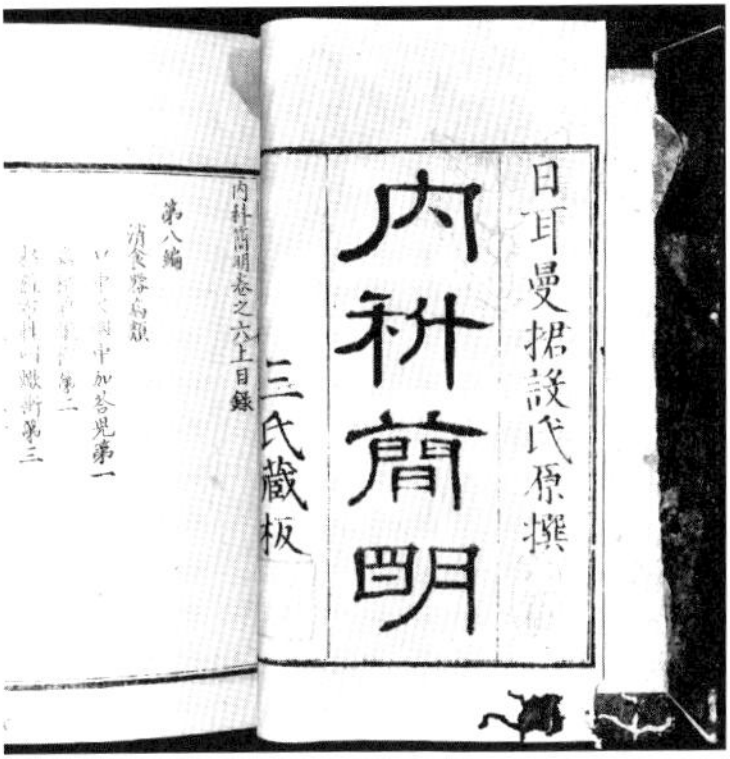

和装本の小口の糊をはがしたところ

技術的には、和本よりはフランス装の方が製本としてはむしろ簡単で、和装本が出来る製本所ならフランス表紙を作ることは容易に出来たはずだ。となると、本文は洋本だが、表紙は和装本の技術を使って作った、と言うことも考えられる。和装本も洋装本で言う「前扉」のようなものを表紙二に口糊にしているので、フランス装口糊とよく似ている。

和装本はフランス装と似ている、そんな強引とも思える仮説に味方してくれるような書物を見つけた。山本有三『不惜身命』（創元社、昭和十四年）がその本。帙入りといい、題簽といい一見和本である。しかし、よく見ると、和綴じなら表紙ごと綴じてあるはずの綴糸がない。広げて確認してみると、製本は針金平綴であった。つまり、洋装本なのである。

本文を見てもっと驚いた。袋とじになっているのである。もちろん紙の裏側には印刷しない、片面刷だ。どう見ても和本なのである。

この場合、表紙の折り返しを和装本の折り返しと見るのか、フランス装の折り返しと見るのか？　かなり悩ませる。フランス装の折り返し方に特別の規則があるわけではなし、寸法に規則があるわけではない。和装本と洋装本の両方の特徴をこんなに合わせ持っている本は珍しい。

フランス装が、嗜好品としての贅沢から生まれたとするなら、折り込みの寸法が大きいほど贅沢でフランス装らしい感じがする。前掲の『新日記抄』などは、その点、最もフランス装らしさを備えている。

洋装本の表紙にフランス表紙が採用されていれば、それはフランス装と

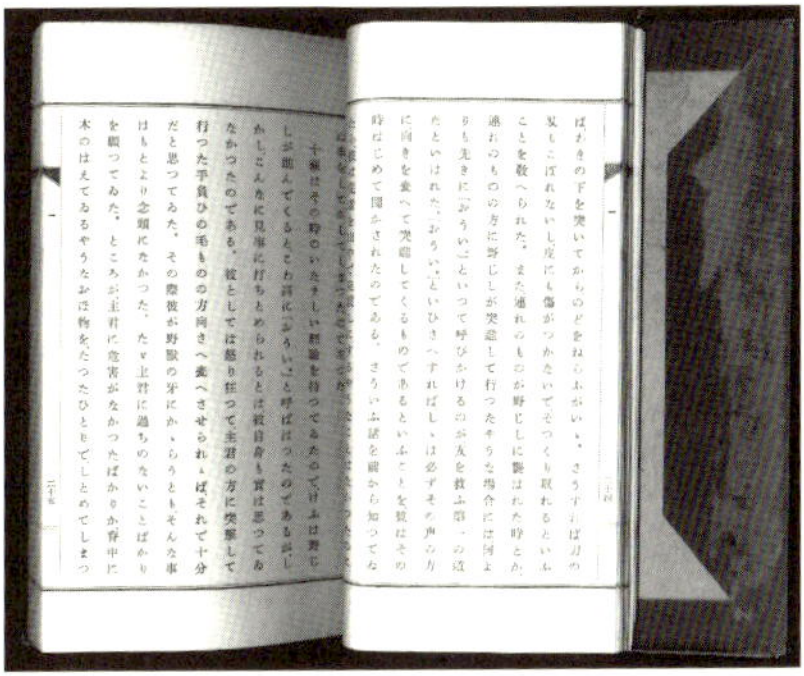

上、山本有三『不惜身命』（創元社）の帙（右）と表紙
下、同書の本文ページと、表紙の折り返し

判断するのが自然であろう。つまり針金綴であるこの和洋折衷様式の書物は、年代的には、多少矛盾があるが、和装本と洋装本の特徴を持つ、過渡的な様式のフランス装といえるだろう。

時期的に昭和初期か大正末期に発行された本であったなら、正に和装本から洋装本へと移る過渡的な製本様式といえるのだが、この本からそれを証明するのは難しく、いずれもう少し古い時代の和洋折衷様式の書物が発掘されることを期待する。この一冊の出現でフランス装が、和装本の影響を受けていただろうという説も否定出来なくなったのは確かだ。

●フランス装がよく似合う本

高円寺の古書市へ行き、古くはないがフランス装のおしゃれな装丁を見つけた。『少年美術館』（岩波書店、昭和二十六年）は、Ｂ４判変型の大型で、本文二十四ページと絵画の写真十七点貼込の薄手の本だが、薄手の大きな本はフランス装がよく似合う。

一方、三好達治『詩集　朝菜集』（青磁社、昭和二十一年）は戦後の出版物だが二百二十四ページとやや厚手の文庫判。小さな本でありながらチリがあるのは、普段見慣れている文庫本とは一味違って、手に取ったとき造本者の本への愛情を感じて嬉しい。

明治・大正時代の書物には、夏目漱石『吾輩ハ猫デアル』（大倉書店・服部書店、明治三十九年）や北原白秋『邪宗門』（易風社、明治四十二年）、『西条八十童謡全集』（新潮社、大正十三年）など、上製本でアンカットの本をよく見かける。

大正時代後半になると、並製本でアンカットの本も見かけるようになる。これほどまでにフランス装の書物が刊行されていてもおかしくない状況があるのに、なぜか、今まで明治大正時代のフランス装には、出合うことがなかった。これ以上古いフランス装は、本当にないのだろうか？

●フランス装は今でも手作業？

フランス装がいつから始まったのか、についての結論を出すことは出来なかったが、関東大震災後、あるいは昭和初期あたりがフランス装発生の時期ではないかという見当をつけても、当たらずといえども遠からずと言う感じがしてきた。

電話で、モリモト印刷の志岐陽太郎部長に、かつて私がフランス装の本を発注した時の製本の話をうかがってみた。すると、「指定の図面がしっかりしていれば、五百部や千部位なら、たいがいの製本所でやってくれる」という。手作業で、へらなどを使って折筋を付け、上下左右そして四つ角と背幅を折り、折り上がったらそれを本体の背の所で貼り合わせるだけなので、特殊な技術がいるわけでもないし、そんなに難しいことではないらしい。機械を使って型で切り抜き、筋付をする製本所もあるそうだが、部数が少なければ手作業でもさほど製作費は変わらない、という。

機械を使わずに、当時の製本業者なら誰でも出来てしまうだろうフランス装の出発点を特定するのは、初めての制作者や考案者の記録でも残されていない限りなかなか難しい。

南京綴製本

●食い違う南京綴の定義

南京綴の歴史を語るには、解決しなければならない問題がある。それは、「南京綴製本ってどんな製本なのか」という根本からの問いである。「糸かがり上製本」や「針金中綴」のように、具体的に製本のとじ方や材料がわかるような命名ではないので、なおさらこの製本様式を謎の多いものにしているようにも思える。これまでにも南京綴について書かれた文献はたくさんあるが、短い言葉で解説するのが難しいのだろうか、それぞれ微妙にニュアンスが違う。南京綴についての解説を年代順にいくつか見てみよう。

古典社編輯部編『書物語辞典』（古典社、昭和十一年）には「中等教科書などに多い、角背で背クロースの平は紙装の仮製本である」と、あまりにもそっけない説明しか記されていない。これでは南京綴の説明になっていない。

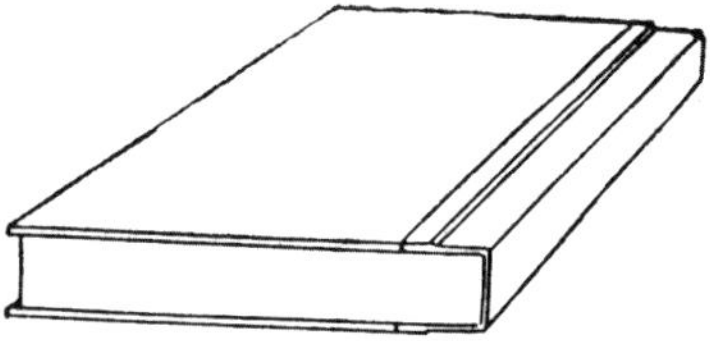
南京綴、牧経雄『製本ダイジェスト』より

鬼原俊一『誰にも出来る製本の手引』（木原正三堂、昭和二十五年）によれば、

「南京綴じは普通中等學校の教科書用等に用いて居るもので、……假製本よりは堅牢さの點では及ばないとしても、比較的工程が簡單で、普通製本よりは丈夫であるから、よく教科書等に用いられているのである。……先づ製本せんとする書物折帳のばらばらの場合は、薄く背固めをなし、背ノドの部分にクロース又は白の布地、寒冷紗等の（裏打したるも

のがよい）幅一五センチ（注、ミリ）を本の長さの物を、見返しの上部（注、上面）の背の部分（ノド）に継ぎ合せて貼る。ノドのクロースの上から、假製本の場合と同じく針金か麻糸で三つ目綴じとなし、小口三方化粧截ちをする。表紙は適当な厚さのボールを化粧截ちをした本の寸法より小口三方のチリ二ミリづつを見て、ノドの方は綴じ目より三ミリ程はなした大きさに截つ、表紙貼りは……背クロースを用いる。……表紙を開らくと見返しと共に綴じられた、クロースが表紙のノドに貼り付いて居るので非常に丈夫な訳である」

と好感のある説明をしている。ここでは針金または糸を使って綴じ、チリ付きである。見返しに寒冷紗を足継ぎした、厚紙表紙背クロス装を南京綴としている。見返しと表紙のボール紙が同じサイズのように書いてあるが、それでは、十分な強度が得られない。この説明には誤字誤植の他に内容にも間違いが多く、これを南京綴の説明とは考えにくい。教科書には、チリのある南京綴があったのであろうか？

植村長三郎編著『図書館学・書誌学辞典』（有隣堂、昭和三十二年）には「南京ブック」として「粗末な仮製本、仮とじなど。たとえば中味を針金で打ち抜き、表紙に友紙を用い、背や角に低質クロースを貼った程度の製本で、通常では背や平に書名を欠ぐものが多い。教科書とじ、南京、南京とじ、ともいう」とあり、あまりにも大雑把で、南京綴が理解できる説明になっていない。私がイメージしている南京綴製本とは大分異なる。

日本印刷学会編『印刷事典』（大蔵省印刷局、昭和三十三年）では「製本様式の一種。中身は針金とじ、表紙は背クロス・厚表紙仕立のいわば上製本と並製本の中間様式である。一般の書籍にはあまり利用されないが、外国語の教科書などに多く採用される。」とある。また、「南京表紙」の項目には「心（しん）紙がボール紙で、みぞを広くあけてあり、背ばり紙を用いない。」とあるが、製本の特徴は背クロス・厚表紙仕立とあるだけで、最も重要な本文と表紙の接続法については充分な説明がされていない。

鈴木敏夫『基本・本づくり改訂版』（印刷学会出版部、昭和三十六年）によると「中身は針金トジ表紙は厚表紙しかも見返しはペラ（一枚）で遊びなし（表紙と中身のノドの部分をきれいでつないである）という、本製本と仮製本の合の子のようなもの」とある。短い説明だが、これまでの文章の中では一番的を射ている。

牧経雄『製本ダイジェスト』（印刷学会出版部、昭和三十九年）を見ると、「付きそろえ―断ち割り―折り―別丁さしこみなど、南きんとじの準備工程は假製本の場合と同様です。しかし、見返し用紙にはペラの紙を用い、幅一五ミリほどに切った裏打ちのキャラコまたは裏打ちの寒冷紗を、見返しのノドに足ばりしておいて、これを中身とともに丁合いをとります。つぎに、その背をノリやニカワで固めたのち、これを一冊ずつはがし、ノドぎれの上から針金でとじ、その三方を仕上げ裁ちします。一方、本製本と同様、中身の天・地・前小口にチリの寸法を加えた大きさの表紙をはっておきます。その表紙には背ばり紙を用いて、みぞを広くあけ、中身の背と表紙の総あきにニカワをひいて表紙をくるみます。表紙をくるみ終わったならば、その背とひらのとじ目の上をボロでこすりこんだのち、加熱したイチョウでみぞの部分を焼きつけ、見返しにノリを入れて、締め機にはさんで完成します。……以上によって推察できるように、南きんにはつぎのような特徴があります。一、一般の見返しとちがって、南きんの見返しはペラである。すなわち見返しの遊びがない。二、しかし、ノドぎれで見返しの足を継いでいるので、針金とじであっても、針金によって紙のちぎれるおそれがない。かように南きんは假製本の簡易性と本製本の堅牢性とを兼ねそなえているので、大量生産の、しかも使用度のはげしい本、たとえば英語の教科書などに用います。」

と、針金とじ、見返しがペラ、ノドぎれなどをあげ、主に教科書に使われているのを特徴としているという。鈴木敏夫も牧経雄も、ともに見返しがペラであることを記している。

最後に教科書の印刷会社が発行している『東京書籍印刷株式会社三十年史—教科書製造の変遷』（東京書籍印刷株式会社、平成十一年）の説明を見てみよう。明治三十七年、国定教科書になった時に用いられたねずみ色の表紙の教科書を南京綴と呼ばず「国定教科書の製本様式……厚表紙付き針金平綴三ヶ所背クロス巻切付本」としている。教科書を製本している所では南京綴といわないのだから、南京綴は俗称なのかも知れない。この教科書の製本様式は、戦後の検定教科書にかわるまで、五十余年間採用され続けた。

明治三十七年に教科書に採用された製本様式が南京綴の完成した形だとすると、牧経雄の説明が一番相応しいように思える。

●正統派南京綴を求めて

架蔵書、『NEW NATIONAL READERS』（東京春陽堂、明治三十年）は、一見すると厚ボールを表紙の芯紙として使った糸三ツ目南京綴製本のように見える。しかし、表紙をめくってみると、二つ折りにした見返しが使われており、本文用紙と表紙を繋ぐのは、薄い見返しが二ミリ幅くらいと背布の一部が糊付けされているだけである。ノドぎれがないので、強度としては、南京綴よりはかなり弱い構造になっており、南京綴とは言えない。

『NEW NATIONAL READERS』

さらに、明治十九年発行の『読書入門』が手本としたと言われる『DEUTSCHE FIBEL』（BLESLAN, 1872）は、背布の中にボール紙が入っていないことや、チリがないことなどは南京綴じに似ている。しかし、南京綴の誕生に何らかの影響を与えたものとは思えるが、本文の最初の頁を表紙の内側に糊付したり、ノドぎれがないなど、元祖南京綴というにはあまりにも違いが大き過ぎる。

もう一冊、架蔵書にこれぞ南京綴じと思われる洋書がある。『FOREIN LANGUGES』（SHANGHAI, 1896）は、前記の『NEW NATIONAL READERS』とよく似ており、上海で製本されていることから南京綴の元祖ではないかと思われたが、二つ折りした見返しが使われていることや、ノドぎれを使っていないなどから、この本も南京綴であるとは言えない。

明治初期にアメリカから輸入された英語の教本『BARNS' NEW NATIONAL READERS』（A. S. BARNES & COMPANY, NEW YORK AND CHICAGO, 1883）が、日本の教科書の南京綴とよく似ている。この書物は厚表紙が使われ、チリがあるので、薄いボール紙を使い三方裁ちしている日本の教科書と異なり、かなり豪華に見える。しかし、表紙の左右幅が本文の寸法より小さく、ペラの見返しのノドの部分にはノドぎれで足継ぎをしており、ノドぎれと本文紙を三点針金綴で綴じているのが確認出来る。年代的にも辻褄が合うので、日本の教科書が手本にしたのはこのようなアメリカから輸入された英語の教本ではなかったのかと推察する。

では日本に上陸した南京綴製本術を初めて国産の本に導入したのはいつだったのだろうか。明治三十七年に刊行された『尋常小学読本』より前には南京綴はなかったのだろうか？　明治二十四年刊行の『高等小学読本』は背布ではあるが、本文と一緒にペラの見返し（あるいは別丁前扉か）を一緒に丁合し、一点針金平綴で綴じ、一番外側の頁を合紙した厚手の表紙の内側に糊付けしている。表紙の寸法は本文紙と同じ寸法であり、この段階ではまだ南京綴は完成していないことがわかる。

『尋常小学新體作文教授書巻二』（金港堂書籍株式会社、明治三十一年）には二つ折りにした見返しが使われているが、この見返しを本文と一緒に丁合し、糸三ツ目綴で綴じ、力紙を表紙の内側に貼り付けている。ノドぎれがなく、見返しがペラでないなどの相違点があるが、構造的にはまさに南京綴である。この本が国産初の南京綴ではないかと思ったが、まだまだ古い南京綴が出てきそうだ。

また、ボール表紙本と総称され、芯ボール紙に石版刷りの絵を貼り、明治十年代に大量に発行された洋装本があるが、西野嘉章『装釘考』(玄風舎、平成十二年)に「……四六判の洋装本で、本の中身を針金で平綴じし、見返しでそれをボール紙表紙に固定するという、造本技術の面で言えばおよそ稚拙なものであった。……背に舶來クロースを用いたこの種の洋装本は『南京綴じ』と呼ばれていた」と記されているが、管見する限り、針金綴のボール表紙本は、柳葉亭繁彦『田宮孝勇伝』(明治二十二年)一冊しか見たことがない。さらに見返しにノドぎれを用いているのは全く見たことがなく、見返しごと本文に綴じつけているのも見たことがない。ボール

『BARNS' NEW NATIONAL READERS』

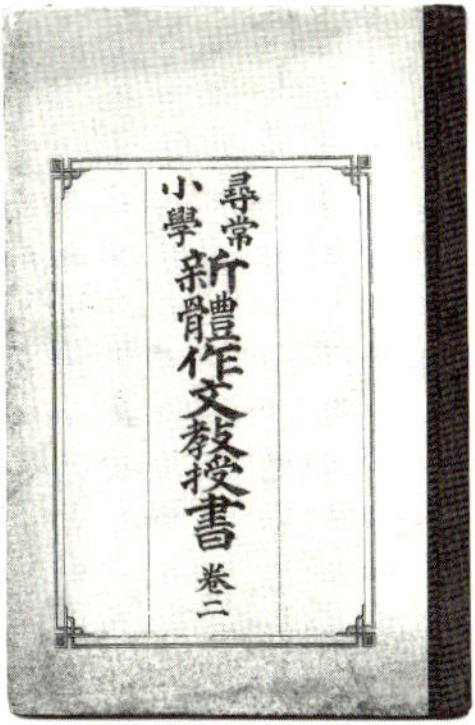

『新體作文教授書』

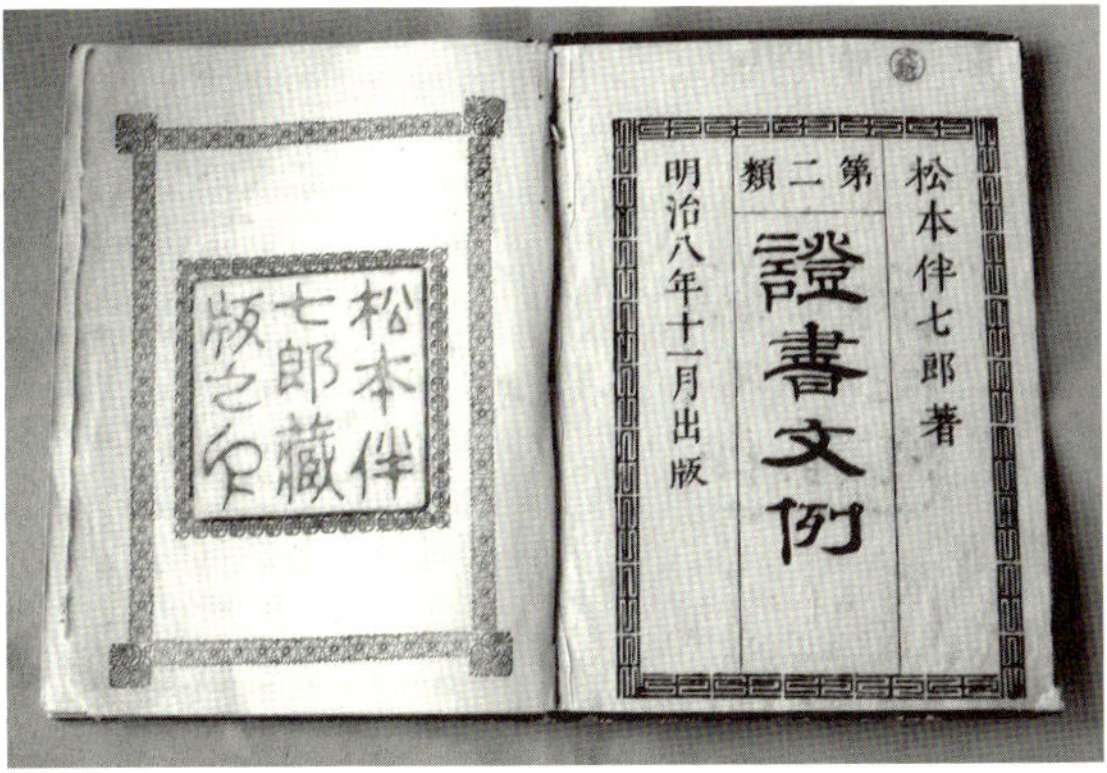

『證書文例』見返し（右）と扉（左）

表紙本の中でも、一見、南京綴風に見える香雪居士著『人の了管違次篇』（天野咬、明治十二年）について具体的に調査をしてみた。背布、厚ボール表紙、チリ付き、二つ折り見返し。見返しにノドぎれはない。南京綴の最も重要な特徴である本文紙と見返しを同時に丁合し綴じつけるのが見られない。背布であることと、表紙の芯ボール紙が背から七ミリほど本文紙より幅が狭くなっていることしか南京綴との共通点が見られないので、「簡易上製本」とでもよぶのが適当かと思われる。

架蔵書で最も古い洋装本である松本伴七郎『證書文例』（明治八年）は、背クロスで、輸入紙クロスを表紙に貼った六十四頁、縦十七センチ×横十三センチ程の小さな書物である。表紙を開いてみると、本文と一緒に糸三ツ目綴で綴じつけられ、片面刷りした見返しが、表紙の中面に糊付けされているではないか。つまり表二に貼られた見返しに、和本と同じスタイルで、著者名や題字、発行年が刷られているのである。裏の見返しは、白い紙を一枚余分に本文に綴じつけ、これを裏表紙の中面に貼り付けている。表紙の左右幅は、もう少し狭いほうが開きがよくなり、本の開閉時に蝶番の役目をする背布や見返しにかかる力を和らげることが出来、耐久性も増すものと思われる。これは糸で綴じつけていることをのぞけば、正に後に教科書に採用される製本様式の南京綴製本である。

どのような経緯を辿ってこの製本様式が日本に伝わったのか、そして誰が製本したのかなどについては未調査であるが、パターソンが印刷局に雇われ、製本様式を伝えたといわれるのとほぼ同時期に、これだけの製本が市井で行われていたのには驚かされる。資材のほとんどが輸入品を使っているので、高価な書物だったのだろうと推察されるが、教科書『読書入門』が洋装本を取り入れた明治十九年よりも十一年も前に、製本としては『読書入門』よりもはるかに完成度が高い製本が行われていたことになる。

針金綴製本

●手作業だった針金綴冊子

針金中綴冊子は上製本や平綴本に比べて和本の製本技術との共通点が少ないため、その構造が理解しにくく、和本からは最も遠い構造の製本技術だったのではないだろうか。針金平綴は、和綴の工程で下綴といわれる「こより」で平綴をする工程があり、このこよりを針金に変えただけで、針金平綴になる。初期の針金平綴は、千枚通しで穴を開け、そこに「コ」の字に曲げた針金を手で差し込んで、貫通した二本の針金の先端を、互いに向き合う内側に曲げたらしいから、作業は下綴とほぼ同じである。

その頃の様子を『出版編輯事典　上』(清光館書房、昭和九年)に「この針金綴ぢの中最も簡単な方法はいうまでもなく手綴ぢである。手綴ぢは先ず穴を四ケ所あけて針金を適宜にまげて綴ぢればよいのである」と書いてあり、和本の製本技術者が針金を使って綴じていたものと思われる。

庄司浅水『製本の手解きより奥義まで』(印刷雑誌社、昭和十一年)にも、「二折以上の『おかしわ物』は多く針金綴ぢにする。この場合には、前述の如く、背固めし、糊なり膠なりの乾いた頃を見計らって、一冊一冊剥ぎ取る。昔は、これを厚い本なら一二冊、薄いものなら五冊乃至一〇冊位、よく揃へて仕事臺の上に載せ、背から二分位離した所へ、四六判なら一寸あきに二ケ所、菊判以上は七八分あきに四ケ所適宜に目打で孔を穿け、針金で綴ぢたのであるが、右の如き、手工作業はよくよくの田舎でない限り今では見られず、大抵は針金綴機械を用ゐてゐる。」と、かつては手で綴じていたと、あるいは田舎では昭和十一年頃でもやっていたように記している。

架蔵書『まだ見ぬ母』（秀美堂、大正七年）には、針金の太さに比べ針穴が大きく、曲がった針金が使われており、この本は手綴かと思われる。また針金中綴の『新軍歌』の背の部分を見ると、のこぎりのようなもので切り込みを入れて、針金を通すための穴を開けたように思えるので、針金を使って手で綴じていたことがわかる。この方法だと数冊重ねて針穴をあけることが出来るので効率がよい。

●日本で最も古い針金綴は教科書？

簡易製本様式である針金綴が教科書に初めて採用されるのは、小学校師範学校教科書用、明治十八年刊『小学習画帖』（文部省編輯局蔵板）であろう。この本は左右二十二×天地十四センチと、明治十二年に発行された国産の中綴冊子では一番古いと思われる『普通画学本』より一回り大きくなり、表紙に使われている紙は、やや薄めの地券紙だろうか、本として大分しっかりしてきた。白い薄手の見返し紙が登場したのもピンク色の別丁扉が使われているのも、洋風に変化してきたのがわかる。手元にある第三、第四、第七は、二ケ所を糸で綴じた大和綴風製本の下綴に針金一点平

のこぎりで針金を通す穴をあけたと思われる『まだ見ぬ母』

日本で初めて針金綴製本を採用した『小学習画帖』

綴が使われている。本文だけを針金で綴じ、地券紙の表紙でくるみ製本にして、さらに表紙の上から二ケ所を糸で綴じている。奥付など一部には、活版印刷も使われて、ますます洋本らしさを増してきている。表からは針金が使われているのが見えないが、針金綴の冊子を探しているうちに、表紙に洋紙を使っている明治の冊子を見つけると、ノドの辺りを指先で、かすかな凹凸を確かめるのが癖になり、偶然に針金が使われている本書を見つけた。『教科書の変遷　東京書籍五十年の歩み』（東京書籍株式会社、昭和三十四年）によれば宮本三平『小学普通画学本』（文部省）は明治十年代には最も広く普及したもので、明治十一年に二十三冊、『小学習画帖』は明治十八年に二冊発行されたとしている。十八年に発行された二冊だけが針金綴されていて、なぜか前年のものも後で発行されたものも和綴であった。明治二十年に再板された『小学習画帖』は、地から二十五ミリのところにクラウン幅（綴じ上がった針金の長さ）一センチの小さな針金を使って手作業で綴じている。針金が機械綴なのか手作業なのかは、針の長さが一定でなかったり、背のラインと平行でなかったり、針穴が大きかったりなどから判断する。『小学習画帖』の場合、「こより」の代用として下綴に使ったもので、実験的に試みたのではないかと推察される。

●文献に見る日本の針金綴の歴史

針金綴の歴史に関する資料を繙いてみると、「表紙ハ栗色ノ上ニ生渋ヲヒキタルモノヲ用ヒ表紙ヨリ用紙ニカケ鉄線ヲ以テ器械ニテ之ヲ綴ヂ其上ニ洋布ヲ貼付」(伊沢修二「教科書ニ付意見書」明治十九年)とあり、私が知るかぎりでは、これが一番古い針金綴に関する文献である。綴じる作業に針金綴機が使用されていたようなので、これが輸入針金綴機の第一号と思われる。しかし、本当に機械で綴じたのか、またいつごろ輸入された機械なのかについては未調査である。

明治二十三年、印刷局は議事堂構内に活版課出張所を新設し、議事に関する緊急印刷物の製造に当たる。出張所設置に当たり提出した概算設備計画書には、書籍針金綴機械一台が計上されている。

『東京における紙商百年の歩み』（東京紙商組合、昭和五十六年）によると「明治二三年ごろ神戸ベッカー商会が、針金止平角鋲止製函機械を輸入し、大阪の島田得治郎、納谷経太郎各氏、東京の永井亀之助、河野慶次郎、今井吉太郎各氏らの先覚者がこれを購入して設置、業界は一段と発展をとげるようになった。」とあり、意外なところで、針金を使う機械が使われ始めていた。

『東京製本組合五十年史』によると「明治二九年になって、大橋新太郎が、欧米視察から帰朝土産として持ちかえった手引断裁機及針金綴機械の各三台ずつが、製本機械化の第一歩であった」とある。おそらくこれが、民間で輸入した初めての針金綴機であろう。

『大蔵省印刷局百年史』には、「凸版印刷合資会社が創立された明治三三年（一九〇〇）には、九十馬力の蒸気機械、八十馬力の蒸気罐、切符打抜機械、三方断裁機、印刷機械五台、書籍釘綴機械二台、その他の機械増強が行われた……」とあり、当時の新鋭機の中に、書籍釘綴機械も設置されていた。

「印刷局観覧記」（『印刷雑誌』明治三十五年）には「製本室断裁機と云い圧力機と云い綴じ方機械と云い包丁研ぎ機械と云い一として備わらざるなく、故に力役を要することなきも機械掛りは男工之れに当り……」と当時の印刷局活版部の製本室の機械化された様子を驚きの目で記している。

また、『印刷製本機械百年史』（全日本印刷製本機械工業会、昭和五十年）には「断裁機が入ったのと同じころ（注、明治三十七〜三十八年ごろ）ブレマー社の針金綴機が輸入された。明治四十年に創業した工藤鉄工所では、博文館印刷所にあったそれを手本にして、俗にケトバシと呼ばれる足踏式の針金綴機を作った。つづいて自動針金綴機もできた」と、明治四十年代には国産初の針金綴機が生産されていたことがわかる。

『共同製本と金子福松　創業五十周年記念』（共同製本株式会社、昭和三十七年）には、金子が十八歳で独立経営した明治四十二年当時の設備を「機械設備としては断裁機二台、針金（綴）機一台、従業員は徒弟を含めて一二名」とあり、ここでも針金綴機を使っており、このころになると自動針金綴機も国産化されだいぶ普及していたように思える。

『東京書籍印刷株式会社三十年史』をみると「明治四二年当社創立当初の鎌倉河岸の工場には印刷設備はなく、他社に委託していた。製本設備も小型断裁機とドイツ・ブロイセ製の針金綴機二台ぐらいであった。……丁合いされた本の中身は、圧縮して上下に板をあて、鉄輪にはめて背固めした後に足踏み式の一つ綴の針金機でとじた。足でけとばすようにするので、この機械を『けとばし』といった」と、ドイツ製の針金綴機を使っていたのがわかる。

大正十四年、博文館印刷所専務取締役・大橋光吉は欧米の印刷・製本界を視察するとともに、種々の最新式印刷製本機械を購入して帰朝した。「製本機械としては、自動紙折り機二台、自動断裁機二台、自動針金背（中）綴機一台があった。……殊に、背（中）綴機は、日本で最初のものであり、在来の針金綴機械の十倍の性能をもち、丁合いの取り落とし、取り込みなどの不良品は、針金綴をせず、そのまま別の方に出るようになっていた。……その後この背綴機に丁合い機械を組み合わせた丁合い針金機械を池貝鉄工所につくらせた」（前掲）と、自動針金綴機械の輸入とともに、国産の針金綴機も性能が急激に向上し自動化されてきた様子がよくわかる。私の調査では出てこなかった池貝鉄工所が、自動機械をおそらく国産では初めて製作したものと思われる。

釘を使った製本と「装釘」

●ソウテイの表記について

最近よく「ソウテイ」という文字の表記について書かれた文章を見かけるようになった。装丁、装幀、装釘、装訂などの文字を当てる場合が多く、同様の意味の言葉として装本、図書設計、ブックデザイン、書装などが使われることもある。

私は、「装丁」や「ブックデザイン」を使っているが、恩地孝四郎『本の美術』（誠文堂新光社、昭和二十七年）に、

「装本といふ言はまだ餘り一般に通用してゐない。普通には装幀といはれてゐる。所でこの幀は経師屋のやるやうな種類のものだといふので、学

者風な人は釘の字を用ひる。これは森鷗外氏やその他装幀学者といはれるやうな人達が使っている。釘はクギである。そこでも一つやかましくいへば、釘とぢだけにしか通用しないわけだ。学がある人は、釘にはとぢる意味ありとしてはゐるが、どうせ言葉などは不完全なものが多いのだ、いっそ簡単に本を装ふのだから装本といったらよからうといふわけで、この字なのである。……表紙を含めての上被類一切と見返し、扉、そして更に完全を求むれば、内部の体裁までわたって配慮されたものを考えるのである。」

とあるのを読んでから、組版まで手がけた場合は「装本」を使っている。

●DTPと装丁

単行本の装丁というと、一般的にはジャケット、表紙、本扉、帯の四点セットを指していたが、装丁デザインの現場にコンピュータが導入されるようになり、かつてはオペレータがやっていた組版作業を、安価な制作料と時間短縮でデザイナーに依頼してくるようになった。そもそも組版とは専門知識と技術が必要であり、コンピュータを導入したからといって、全自動で出来るような生易しいものではない。分散していた技術が特定の業界に集中しただけで、やることは写植でやっていたころと変わらない。手書きの原稿を持ってこられたときの入力は写植を打つのと同じだ。そんなことを知らないフリをしている版元さんが多い。かくして装丁家は、「装丁お願いします。ついでにＤＴＰで本文レイアウトもね」などと、ついで価格でレイアウトを依頼され、組版ソフトやカラー出力機などの設備投資を強いられ、利益率の少ない不夜城の肉体労働者になる。「一冊デザインするのは、アルチザン（職人的芸術家）ですよね」などとプライドをくすぐり、３Ｋといわれた現場の苦汁をデザイナー達に強いる資本家達の陰謀によって、装丁の意味は現在でも変化し続けているのである。

●「装釘」は間違いか？

ある書誌学者は、よく使われている「装釘」という表記に対して、「装訂という文字以外は、全て間違いです」と言っている。たぶんこの「装訂」は、長澤規矩也の説を背景にした発言だろう。

「装訂　図書のとじ方。製本のしかた。『訂』はきちんとまとめる意。正誤　装釘と書くのは、明治の製本工の同音を誤った用字法で、『釘』は製本とは全く無関係。漢籍中の用法でも、私が知っている限りでは、清人黄丕烈の士禮居蔵書題跋記巻五のみである。これを『洋つづりの製本に、針金や釘などの類を用いる所から出た新しい熟語』というのは根も葉もない全くの誤り。装幀とはしゃれたつもりの誤用。……釘や幀を使うくらいなら、今日では、装丁と書くほうがよろしい。」（長澤規矩也編著『図書学辞典』三省堂、昭和五十四年）

しかし、装釘を「間違い」と断定して良いものだろうか？　と、ずっと気になっていた。そして、古い資料で「装釘」の文字が使われている文献を探してみた。

寿岳文章『本の話』（白鳳社、昭和四十二年）には、

「印刷された紙葉を折帖にし、綴じあわせて表紙をつけ、書物としての形態を与える工芸的操作、すなわち製本の工程が装釘である。少し気どって、装幀と書いてみたところで、それ以外の意味が生れてこないのは、装釘に相当するヨーロッパの書物語をしらべればすぐわかる。ところが今のわが国では、装の字におろかしくひきつけられるためか、たいていの出版者はもちろん、ひとかどのデザイナーで通用している連中までが、装釘の本質をとりちがえて、表紙や見返しの、さらには御苦労にもカバーや外箱の、図案的効果だとばかり思いこんでいる。だから、いつまでたっても工芸的にろくな本ができないのだ。」

と、装釘という文字を製本と同義語として使っている。書誌学者の文章

なので、文字は厳密に選択されたものと思う。恩地が言うように、やはり学者は「装釘」を好んで使ったようだ。

齋藤昌三「新聞紙上の装釘文献」(『書物と装釘』創刊号、装釘同好会、昭和五年)には、関東大震災以後の新聞紙上から、装釘に関する文献的記事の題名を収拾した五十七項目が、第二号には「装丁文献補遺」として、四十項目が集められ、総計九十七項目が記載されている。そのうち「装釘」の文字を使っているのは三十三項目もあり、「装幀」は十三項目に使われている。掲載誌の題字や記事の見出しも発行団体名も徹底して「装釘」であるが、この冊子だけではなく新聞の記事までも、この頃は圧倒的に「装釘」が使われていたようだ。当時は、どのような意味で「装釘」を使っていたのかを探るために、「会告」と題した巻頭記事を引用してみる。

「新刊書で特にいゝ装釘とお気付きのものがありましたら著者名、発行所をお知らせ下さい。図案に限らず、型に新味を見せたもの、新材料を使用したものなども結構です、写真と共に装釘者の言葉を誌上に紹介いたしますから、実物をお送り願れば一層幸いです」

今日の「装丁」と同義語で、表紙等の付き物の装飾の意味であり、製本の意味ではない。

もう一冊、草人堂研究部編、須川誠一校訂『装釘の常識』（アスタルテ書房、昭和六十三年復刊）を見てみよう。序文の「図書が家宝であり、装釘が趣味の中心であった時代を偲べとて、殊更に斯の書を世に送るのではない」とあるのは、「装釘」を装本意匠の意味として使っていると解釈しても良いだろう。しかし、目次の項目を拾っていくと、装幀と装釘が混在しており、「装本意匠」だけを意味しているとは思えない箇所がある。「装幀と製本の意義」の項では「装幀は、書物の形体を整えるところの設計を意味し、製本は、その設計を具体化するところの実技と解し、両者を包括していふ場合、これを装釘、もしくは整本と呼ぶのが合理的ではあるまいか。」と定義しており、広い意味で「製本と装本意匠」を指している。

さらに、間宮不二雄『図書館辞典』（文友堂、大正十四年）には、Binding の訳として「装釘」、Bibliopegy の訳として「図書装釘術」が記載されている。装釘の意味としては、「印刷完了せる刷本の丁数を整へ、装釘を施し、是に表装を附する事を云ふ」とあり、「装釘を施し」とは製本のことを指しており、製本から表装までを意味するようである。

金澤庄三郎編纂『広辞林』（三省堂、大正十五年）にも、「装釘　①よそほひて釘うつと。かざりてとずると。②書籍などの表装ととぢ方と。」とあり、製本と装本意匠を指していたようだ。「釘うつ」とあるが、表記のとおりに本当に釘を打つことと解釈してもよいのだろうか。製本するにしても意味する範囲が狭すぎるように思える。

田中栞「『そうてい』用字用語考」（『ユリイカ』第三十五巻十二号、青土社、平成十五年）には、明や江戸時代の文献から「装釘」の使用例を挙げ、典拠を示しているが、これを明治期以降に使われた「装釘」の語源とするには疑問が残る。突然「装釘」を頻繁に使いだしたとは考えにくく、製本という意味がある以上、実際に釘を使った製本例があるのではないだろうかと思われる。製本現場では史実に基づいて言葉を使った訳ではなく、釘で綴じる製本を単純に「装釘」と言ったのではないだろうかと推察するのである。現場で使われていた言葉に勝るものはないので、釘を使った製本の実例があれば説得力があるのだが。

●釘で綴じた本を発見

装丁の話になるといつもゲテ本として批判の俎板に乗せられる代表的な書物に、筍皮装で知られる齋藤昌三装丁、木村重義製本、木村毅『西園寺公望』（書物展望社、昭和八年）がある。その本の目次裏には、「装釘・齋藤昌三」とある。書物研究者としても知られる齋藤昌三も「装釘」の文字を使っている。この発見に歓喜し気が緩んだのか、ついうっかり手を滑べらし高さ二メートルほどある本棚の一番上から『西園寺公望』を落としてしまった。思わぬ大失態に涙が出そうになった。架蔵の書物の中では五本の指に入るお気に入り本が、まるで交通事故にでも遭遇してしまったかのような無残な姿で、裏表紙を外して畳の上に横たわった。本を拾い上げ、

木村毅『西園寺公望』、修復したので釘を見ることは出来ない

何とか補修出来ないものだろうか、と手にとって眺めていると、なんと、ノドの部分に錆びた釘の頭が見えるではないか。「装釘」という言葉を使っているだけではなく、釘を使って製本をしているのである。さすがは私が装丁の神様と崇める齋藤昌三。こんな見えないところにまで気配りをしているのには脱帽させら

れ、本が壊れてしまったショックを帳消しにするほどの貴重なデータを発見することが出来た。しかし、喜んでばかりはいられない。なにせ製本術を知り尽くし、遊び心溢れる齋藤昌三のことだから洒落でやりかねない、という不安もある。「この『装釘』ということばは同音による、全く誤用である。……『釘』はくぎで、針金とは直接の関係が全くない」(『古書のはなし』冨山房、昭和五十二年)という長澤規矩也の言葉に代表されるような意見に反発し、「面白い、やってやろうじゃないか」とばかりに釘で綴じた書物を創作してしまう可能性を否定出来ないからだ。私も、明治・大正期の本を十冊くらい購入し、錆びた釘を使って綴じ、古書店へ持ち込んで流通させれば書誌学者は驚くに違いない、などと考えていたことがあるので、この一冊で反論の材料とするには不安が残るのである。

しかし、そんな不安はどうやら取り越し苦労であったようだ。幸運にも釘綴製本二冊目を見つけることが出来たのである。博文館創業十周年記念臨時増刊号として刊行された『太陽』第三巻第十二号（東京博文館、明治三十年）がその本。七百四十二頁の大部で、平綴並製本、束は約三十五ミリもある。しかし、『太陽』第一巻第二号（明治二十八年）は糸を使った平綴、第十八巻第三号（明治四十五年）は針金平綴で、何れも総ページ数が二百二十、二百六十四頁。第十九巻第十六号（大正二年）も針金平綴で釘は使っていない。博文館創業十周年記念臨時増刊号『太陽』をもう一冊入手したことがさらに不安を助長させた。前掲の冊子と同時に作られた同じ本のはずなのに、針金平綴なのである。

捨てる神あれば拾う神ありで、またもピンチの時の救世主となる『中等教育習文教科書』（松栄堂、明治二十八年）五百四十二頁に出会う。扉を開くと二本の釘の頭が見えている。釘綴製本である。釘綴は背の形が崩れにくく、並製本でありながらいつまでも姿勢正しくぐずらないという特徴があり、大部の書物にとってはありがたい製本であるが、開きが悪く、一番外側のページで釘の頭がみえる部分が破れやすいのが欠点といえる。

大久保初雄『古事記講義上巻』(図書出版、明治二十六年)や四六判四百二十頁『絵本稗史小説』第十一集(博文館、大正九年)は、釘と紐とを併用した平綴である。前と後に白紙一枚を貼った本文を釘で仮綴し、背布を貼る。次にこの白紙の折丁のノドを表表紙と裏表紙に見返しのように貼る。このときに釘の頭は表紙で隠される。最後に表紙と本文を紐の打ち抜き綴で綴じる。ここでの釘は、本文用紙だけを綴じているので、打ち抜き綴の下綴として機能していたのだろう。

『皇太子殿御外遊記』(大阪毎日新聞・東京日日新聞、大正十三年)や小栗孝則訳『ハイネ選集』(解放社、昭和二十二年)も釘綴であった。『週刊サンケイ』(産経新聞、昭和六十年)は合本時に釘綴を採用していた。

釘で綴じた本の実例が中々容易に見つからないことから、大工さんがやるように金槌と釘をもって手作業で製本していたものと思っていたが、針

『太陽』第 3 巻第 12 号、ノドに釘の頭と針金綴が見える

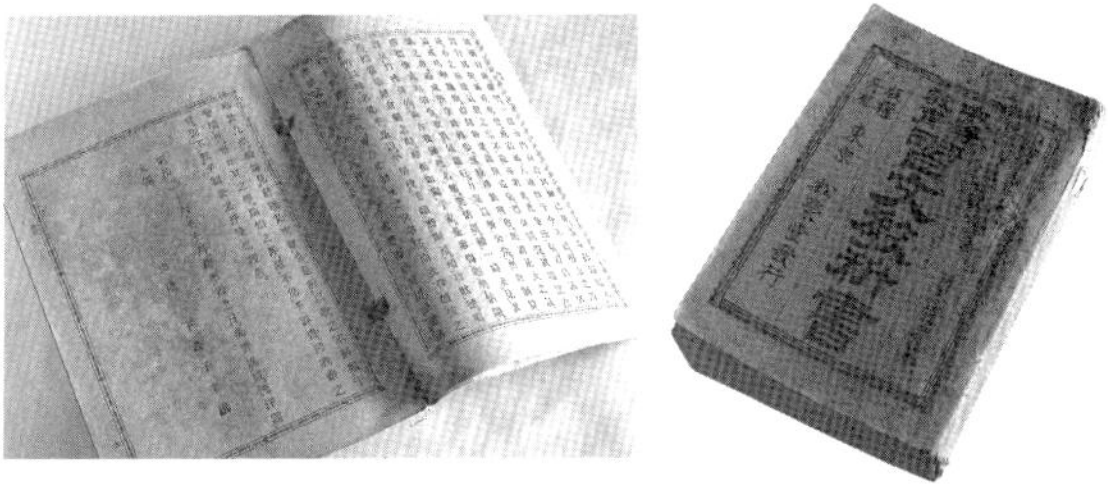

『中等教育習文教科書』ノドに 2 本の釘の頭が見える

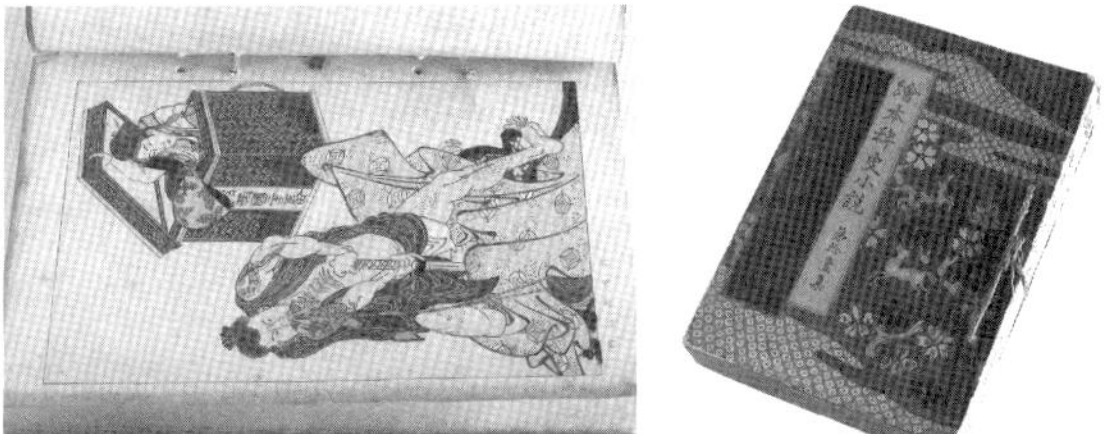

『絵本稗史小説』ノドに釘の頭が 1 本見える。最終頁が糊付けされていたので、強引にノドを開いて確認した

金綴製本の章でも紹介したとおり、『大蔵省印刷局百年史』には明治三十三年に「書籍釘綴機械二台」が設置されたとある。ただし、この「釘綴機械」が、ここでいう釘綴製本用の機械かどうかは不明である。釘綴は特別にページ数が多い本のみに用いられた製本であり、明治四十年には国産化される自動針金綴機械にいずれ席巻されるだろうことは予想に難くなく、過渡的に用いられた製本術のように思える。

ではなぜ、そんなマイナーな製本技術を表す言葉を、製本、装本意匠を示す言葉として選択したのだろうか。「釘」が当時の人達にどのように受け入れていたか、というところにヒントがありそうだ。

●災害と安い洋釘の大量輸入

釘には、日本に古くからあった「和釘」と、明治時代に輸入された「洋釘」とがある。日本建築はホゾや切り組みなどが考案され、釘や鎹を使うことが少なかったことや、和釘は角釘といわれ四角柱で、鍛冶職人の手により一本ずつ作られるため高価でもあり一般には普及しなかった。火災に遭っても焼け釘を拾いだし打ち直し、その釘を商う商売があったほどだ。

一六一七年にイギリス人デイー・バルマーによって製釘機械が発明された。今日使われている洋釘はほとんどが、このワイヤーネールといわれる、鉄線を切断して作られる丸釘である。

安田善三郎『釘』(非売品、大正五年)によると、商品として洋釘が日本に輸入されたのは明治十年頃で、横浜一六八番館へ見本として百ポンド入りの樽四十～五十樽が陸揚げされたのを、日本橋区の中村重兵衛氏が引き取り、浅い木箱に入れて店頭販売したのが初めという。なかなか普及しなかった洋釘だが、明治十三年に東京横浜を襲った大暴風雨、十四年の神田松枝町から日本橋深川の一万二千五百二十一戸を焼き払う大火事、十五年の神田柳町から出火し日本橋大伝馬町あたりまで延焼し七千三百戸を烏有に帰した大火などにより、釘の需要は激増した。明治二十年代、洋釘の平均輸入量はおよそ二十二万樽、そのうち横浜のみの輸入量だけでも十一万樽にも及んだ。明治三十年には三十万樽を超え、その勢いは増すばかりである。一方、機械生産された安い洋釘の猛襲に遇った和釘は、暫時市場から影を失っていき、この頃から釘といえば洋釘を指すようになる。

製本に釘が使用され始めたのは、和釘が洋釘に駆逐され、安価な洋釘を使えるようになったのと時期を同じくしている。国産初の製釘所・安田製釘所が明治三十一年に開業するが、本格的な生産が始まったのは明治四十五年であり、『太陽』や『古事記講義上巻』に使われた釘は、舶来品ということになる。

●金属は近代文明の象徴?

書誌学者達が勘違いするほどに、相性が悪いとされる金属と紙であるが、なぜそんなにも悪評の高い「装釘」を言葉として選択したのか。舶来品の釘を使った製本には、機関車や船、機械類など金属に象徴される欧米文明、それらの近代の利器を使用するのと同じような新しい文明に浴することが、相性の悪さを補って余りある魅力としてあったのではないだろうか。田中氏が言うように「書物の製本」の意として明の頃から使われてきた「装釘」があり、まるで「釘を使った製本」の誕生を予言しているかのようにも思えて不思議であるが、同じ文字を使う「釘を使った製本」と「製本を意味する装釘」が明治期に出会い、よく似た内容を表現することになってしまったのではないだろうか?

それは「装釘」という言葉を使う側からすれば、あまりにも好都合な、言葉の正当性を裏付ける「釘を使った製本」の誕生だったのではないかと思える。

あとがき

近代日本の製本史を書いた文献は少ない。明治時代に製本された書物を入手するのもだんだん困難になってきた。図書館に所蔵されている古い本は図書館製本に改装されていることが多く、文中にも記したように、製本を調べる資料にはならない場合が多々ある。特に関東大震災と第二次世界大戦という、書物にとっては二つの大きな不幸を体験した近代の書物に、被害は集中しているように思える。

「……普及すべき必要上最も簡素なる装釘を以て現るゝも、既に書籍たる以上は其内容の文章意外別に書籍としての價値を有するは當然なり。然るに書籍としての價値を全然沒却して如何なる様式にても可なるが如く云ふは、是れ書籍の價値を所謂「ツブシ」にて評價するもの、地金の量目を以て金工諸品を估價すると等しく、書籍を知る所以に非ざる也。……讀書を離れて書籍の形式上の趣味を談ずるものに到っては殆んど寥々稀なり。書籍に対する思想の枯淡索漠なる何ぞ夫れ甚だしきや。」(『続紙魚繁昌記』書物展望社、昭和九年)

とは、内田魯庵の、物としての本の大切さを説いた言葉である。書物は書かれた内容だけではなく、紙、印刷、製本、装丁などに関する多くの情報を含んでおり、図書館製本による改装によってこの大切な情報が葬り去られようとしているのを、手をこまねいて眺めていなければならないのは、大変残念なことである。

洋装本の製本術が日本に上陸してからわずかに百二十年ほどしか経過していないというのに、製本史を探る手だてが少なくなりつつある。多少でも記録しておかなければ、との思いに駆られ、ここ数年間、少しずつながら製本史の資料を集め、記録を残し始めた。そんな中、あじろ綴の元祖ともいえる広橋湛然考案による無線綴製本の特許証を、湛然の子孫にあたる長尾信氏から提供していただけたのは、大きな収穫だった。

糸かがり上製本や糸かがり並製本を製本の本流とすると、南京綴やフランス装などは傍流ともいえる。本流の製本史はともかく、この傍流の製本史となると文献資料は極端に少なく、調査は特に困難である。近代書誌学が確立していないこともあり、用語があいまいで、文献資料や図書館の書誌データに関する信憑性が低いのも、困難さを倍増させる一因でもある。例えば、フランス装、フランス綴、フランス表紙、仮フランス装、本フランス装などの言葉ははっきりと使い分けされておらず、時にはアンカットのことをフランス装などと表現していることもある。書誌データにフランス装とあるので見に行くと、実際はアンカットの上製本であったりするのである。

そういう拙文も決してこれらの問題を完全に解決しているわけではない。まだまだ調査も資料も不十分ではあるが、今回の執筆が後続の製本史を調査する礎になることを願っている。

なお、近代製本史の流れを見る上で必要であったため、くるみ製本、あじろ綴の章など、拙著『装丁探索』（平凡社、平成十五年）の内容を一部要約して掲載した。合わせてお読みいただければ幸いである。

本書の出版・編集にあたり、印刷学会出版部の上田宙氏に多大な協力をいただいた。本稿の「フランス装の歴史」は上田氏の示唆により書き始めたものである。この場をかりて感謝したい。

二〇〇五年八月

大貫伸樹

初　出

「フランス装の歴史」（ブログ「大貫伸樹の装丁探索」に連載）
「釘を使った製本と「装釘」」（『印刷雑誌』二〇〇四年五月号）
その他は書き下ろし

造　本

印　刷＝平版オフセット印刷
造　本＝A６判・上製本・糸縢り

用　紙

表　紙＝NTほそおりGA（新スノーホワイト）　四六判Y目100kg
見返し＝シャレードST（ストーン）　四六判Y目100kg
本　文＝OK嵩百合クリーム　A判Y目54kg

本文組版データ

組版ソフト＝Adobe InDesign 2.0
和文フォント＝リョービ・本明朝 Book 新小がな
欧文フォント＝リョービ・Venetian Book

大貫伸樹（おおぬき　しんじゅ）
1949年、茨城県那珂郡大宮町生まれ。東京造形大学デザイン科卒業。大貫デザイン事務所代表。日本出版学会会員。東京製本倶楽部会員。日本図書設計家協会会員。
主な著書に『装丁探索』（平凡社）、『装丁散策』（胡蝶の会）など。主な装丁作品に『日本短歌大事典』（三省堂）、第54回菊池寛賞を受賞した『徳田秋聲全集』（八木書店）など多数。また、自ら執筆、装丁を手掛けた『装丁探索』が、第38回造本装幀コンクールで日本書籍出版協会理事長賞、第4回ゲスナー賞で本の本部門銀賞を受賞した。
・ブログ
「大貫伸樹の造本探検隊」（旧「大貫伸樹の装丁探索」）
＝http://d.hatena.ne.jp/shinju-oonuki
「大貫伸樹のゴム版画蔵書票楽会」
＝http://blogs.yahoo.co.jp/higetotyonmage

製本探索
二〇〇五年九月二十日　初版第一刷発行
二〇〇六年十一月十日　初版第二刷発行
定　価＝本体一八〇〇円＋税
著　者　大貫伸樹
発行者　中村幹
発行所　株式会社 印刷学会出版部
〒一〇四-〇〇三二
東京都中央区八丁堀四-二-一
電　話〇三-三五五五-七九一一
FAX〇三-三五五五-七九一三
info@japanprinter.co.jp
http://www.japanprinter.co.jp
印刷・製本　杜陵印刷 株式会社
本書をお読みになった感想や、ご意見ご要望をeメールなどでお知らせ下さい。

ISBN4-87085-181-4